政 府 會 計

李 增 榮 著

三 民 書 局 印 行

國家圖書館出版品預行編目資料

政府會計╱李增榮著. -- 七版. -- 臺北
市：三民，民86
　　面；　　公分
ISBN 957-14-0510-8（平裝）

1. 政府會計

國際網路位址　http://sanmin.com.tw

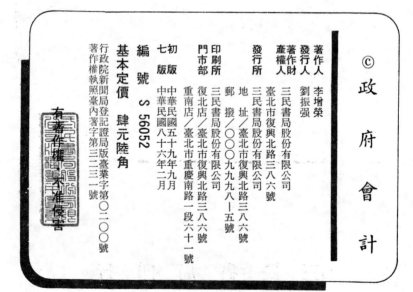

ⓒ 政府會計

著作人　李增榮

發行人　劉振強

產著作財
權人　三民書局股份有限公司

發行所　三民書局股份有限公司
　　　　地址／臺北市復興北路三八六號
　　　　郵撥／○○○九九九八一五號

印刷所　三民書局股份有限公司
　　　　臺北市復興北路三八六號

門市部　復北店／臺北市復興北路三八六號
　　　　重南店／臺北市重慶南路一段六十一號

初版　中華民國五十九年九月
七版　中華民國八十六年二月

編　號　S 56052

基本定價　肆元陸角

行政院新聞局登記證局版臺業字第○二○○號

著作權執照臺內著字第三二三一號

ISBN 957-14-0510-8（平裝）

序

　　我國政府與公營事業的支出，約佔國民生產毛額三分之一，對國民生活的影響，至為深遠。此等經濟個體之有效經營，實以良好的財務管理為重大的關鍵。財務管理的推動，則以政府會計為主要的憑藉。

　　政府與非營利事業會計之研究，以明瞭組織環境為前提，以基金會計技術為重點。各種基金會計，各有其表達財務與經營責任的技術。而政府與各級機關間的統屬關係，構成總分會計處理方式之不同。近年來，更在促進良好的財務管理方面，尋求會計任務之發展。凡此均屬政府會計討論之範圍。

　　本書之編撰，旨在提供大專院校或研究所政府會計一科的適當教本，抑亦適合有志改進財務管理人士之參考應用。全書共分八章，首章論述政府與非營利組織會計之原理。第二、第三兩章，分述政府普通基金、特種基金與帳類之會計技術。第四章列述其他非營利組織會計。自第五至第七章，引介現行政府總會計，單位會計，及

附屬單位會計等制度。最後以第八章，評估如何使經濟個體的資源流徑會計，轉換成為可供衡量經營效率的辭語。各章之末，並附有問題與習題，着重創造性思維之啟發，可由教師指導學生依序作業。

　　作者撰述本書，自構思以迄完稿，歷時兩載。祇以公餘執筆，時作時輟。疏漏之處，恐所難免。尚祈海內方家，不吝匡正是幸。

　　　　　李增榮序於行政院主計處第二局

政府會計　目次

第一章 政府與其他非營利組織
的會計原理

有效的會計程序, 記錄, 與報表, 應與一個組織的經營目標 Operating Objectives 相配合, 並應向關係團體提供有用的情報 Information。本章說明政府會計 Governmental Accounting 與其他非營利事業 Nonprofit Enterprises 會計的原理。

首先研究政府與其他非營利組織共同的經營特徵。其次探討關係團體及其認為有用情報的種類。然後以此為基礎, 尋求政府會計與其他非營利組織會計原理的確立, 並從而發展此等專業會計合理的程序與方法。

非營利組織的環境

政府與其他非營利組織是經濟個體 Economic Entity 之一, 它提供有裨社會的服務, 而不求利潤。它具有產權關係 Equity Interest, 而不能出售或交換。一個政府或其他非營利組織, 在任何期間, 可作所入 Revenues 超過支出 Expenditures 的策劃或實現, 但產生的資產必須用於服務的提供。

卡納 Eric. J. Kohler 在其所編會計辭典 A Dictionary for Accountants 中, 對所入與支出之釋義如下:

所入——政府發生自各項賦稅, 關稅, 與其他來源的總收入 Gross Receipts 與應收項目 Receivables, 但不包括核定經費 Appropriations 與經費分配 Allotments。

支出——因取得資產或勞務, 或因確定損失, 而發生之負債, 現

金支付，或財產移轉。

我國預算法載:「稱所入者，謂除去重複收帳部分及退還部分之收入」。

美國全國政府會計委員會 National Committee on Governmental Accounting 編印的市政會計與審計 Municipal Accounting and Auditing 一書中，載有所入之定義，謂「在特定期間內所有權權益 Ownership Equity 的增加」。在實務上，所入包括流入基金個體的可撥用資源 Appropriatable Resources（容在第二章中再加解釋）。

非營利組織可分為兩大類。其一是需要全部或部分永無窮盡的外界支持。此類組織，包括依賴按期強制征課稅捐支持的政府單位，與依賴不斷自由捐助支持的衛生福利機構與教堂等。其二，如私立醫院與私立大學之類，在收到一筆創立資金捐助後，即可自給自足 Self-sustaining。

經營目標

企業的目標，一般係以利潤方式，對其所有權人報償有形的利益 Tangible Benefits。可是，政府或其他非營利組織的目標，是供給社會所需的服務，而無關財務利益。無論其服務的基本目標為何，若干非營利事業係以收費來補償其服務成本。例如，大學的收取學雜費，醫院的收取服務費等均是。縱使收費超過服務成本，其邊際 Margin 仍係用於裨益服務的目標。

組織特徵

在國家法律與經濟環境所加限制範圍內，一個經濟個體的經營條件，大部分是決定於其本身組織的型態。

在現行經濟制度的概念下，個人具有控制其財產使用的權利。如

果個人將其資源投入企業的所有權股份，卽可在該企業的管理上，取得適當比例的發言權。故在現行經濟制度下，企業係由其所有權人管理。

政府或其他非營利組織，並無可由一己所有與買賣的產權關係，故其管理與控制權係建立在不同的關係上。一個組織的社員 Membership，不論其支付或捐助金額的多寡，可能均有投票權 Voting Privilege。例如，一個公民在政府事務上均有一票之權，而一個教友在其教會事務上亦可能有一票之權。在此等場合的控制，亦繫於每一社員之手。

非社團組織 Nonmenbership Organizations，諸如大學與醫院之類，有其依法選舉或指派的董事會。有些國家，係由具有利害關係的贊助人 Constituency，選舉董事會，作爲外界的管理團體。

經濟與社會的基本考慮

何以非營利組織尙存在於自由企業制度之中？社會有志之士，認爲祇憑利潤動機，必有若干社會最需要的服務乏人提供。亦有許多人缺乏購買力難以獲得其所需的服務。倘若考慮社會應使這些人們獲得此類服務，則政府或其他非營利機關當努力尋求適應那些需要。因此，要以稅課來支持公立學校制度，而自由捐助能使衛生福利機關爲不幸的人們提供社會應有的服務。

政府與其他非營利組織報告編製的重點，應在表彰個體的服務事蹟。反之，營利企業的會計報告，則必須注意個體支持其本身的能力。

財務資料與關係團體

財務報表的結構與內容，是決定於預期使用該項資料的團體之需

要。會計人員在設計提供該項資料所需的記錄與程序時，應先探求**使**用者所需情報的種類，與實用性的限度。

　使用非營利個體財務資料的主要機關是:

1. 外界管理團體，議會之於政府，董事會之於學校與醫院等。
2. 內部管理人員。
3. 贊助人，支持人，社員，或一般公衆。
4. 服務的使用者。
5. 債權人。
6. 主管與備案機關。

會計實務與非營利組織環境的配合

　會計人員通常着重個體對其公衆或贊助人間的財產信託Fiduciary關係，以決定其所需提供的情報。由於政府與其他非營利組織並無利潤目標，足資評估對其團體責任之解除，故會計人員必須求助於貨幣責任 Dollar Accountability 概念。在貨幣責任概念之下，平衡表是表達可用於組織的資源，而所入與支出表則表達流動資源的流徑。

　應用此種報告概念於分析個體設施時，是着重於資源已否用於預期與規定的途徑，而不是評估其使用的成績。關係團體需要明瞭資產來源與去路的詳細情形。此種要求，自當導致特別注意取得與處分**資**源的逐項控制。

基金會計技術的應用

　為期充分瞭解報告實務的貨幣責任之涵義，及其控制的性質，**茲**將足以確實表達履行財產信託責任的三種編報技術，加以說明，其中有若干部分亦可應用於營利事業方面。

基金個體與控制　控制資源流徑最完善的方式，是使用基金會計技術

Fund‑Accounting Techniques。經營中個體的資產，是分成若干自平 Self‑balancing 的會計個體，卽所謂基金 Fund。每一基金的處理，視同分開的事業單位，事項的記錄不與其他機關或基金相混。因此，基金會計注重於表現流動資產的取得來源，及其使用去路。

我國預算法載:「稱基金者，謂已定用途而已收入或尚未收入之現金或其他財產」。僅述及資源的劃分，未明定爲會計個體。美國全國政府會計委員會對基金之釋義較爲周詳。依該會編印的市政會計與審計一書所載，稱基金者，謂「依法令，契約，或其他規定的條件，執行特定業務或達成一定目標而專備的金錢或其他資源，並構成一獨立的財務與會計個體」。

「資源」一辭之使用，通常係與資產同義。可是，在上述定義中，此應意指置於基金個體中實現目標可供支用的資產。設置基金個體之依據，或爲法令規定，或者捐助人要求，或爲管理行爲。倘若法令規定或捐助人約定所應設置獨立的會計個體時，則資源必須劃分成爲各別的基金。至於管理方面，爲一般經營對可用資源流徑的控制，可採行經費控制技術（詳見以下各節）。如果採行此項控制，仍感不足以明責任時，則必須考慮另行選擇一適當水準的控制。

基金個體不宜設置過多，否則將造成會計資料的割裂與妨碍整個組織有效財務報告的編製。通常在一現存基金個體內，如需劃分資產時，則以新設基金爲宜。

特定債權的指定　資產使用的次級控制，係對此類資源爲特定債權 Claims 之指定。此種指定，通常是特設一內部限定 Internal Restriction 帳戶，以表達在一定方式下使用資產或總資產特定全部之條件。

此種水準之控制，相當於企業會計之使用資產以償還長期債務而劃分償債基金之實務。

內部限定帳戶得稱爲「償債基金撥用 Appropriation for Sinking

Fund」，並列入財務報表的資本之部 Capital Section。此種限定，在企業會計中，亦用於限定股利的支付。

經費控制的概念　獨立的基金個體，固可控制特定資源的取得與處分，但尚有其他技術可用於表達一般營運資源的取得與使用之責任。貨幣責任概念的擴張，暗示有採行逐項控制資源使用之必要，從而促使經費控制技術的發展，以限定此等資產之使用。會計人員祇須決定資源的流出是否符合經費計劃，不必強求劃分使用的資產。

　　經費控制與預算　經費控制的概念，係指記錄詳細的施政計劃（以貨幣數字表達）之編製。例如，政府個體之控制過程，起始於提出服務公衆計劃所需支出金額的逐項估計。然後由民意機關（議會）審查，予以通過，修正通過，或否決。當預算通過時，其中每一項目的支配金額卽爲容許發生支出的限度。我國預算法載：「稱經費者，謂依法定用途與條件得支用之金額」，意卽指此。預算的任何變動，應經民意機關的審查。每項支出的實際金額與預算金額，應隨時比較，以決定尚可支用的餘額。

　　經費控制與財務報表　應用經費控制施政，致使政府會計特別注重表現所入與支出的報表。此種報表，應表達每一項目實際金額與預算金額間之關係。此外，尚有反映剩餘 Residuals 的平衡表，與表現連續平衡表間關係的未支配餘額變動表。

　　經費控制的注重程度　政府與其他非營利組織，其財務報表與預算實務，各不相同。政府單位對經費控制，至爲重視，但依賴自由捐助支持的非營利組織，則不甚注意。至依賴服務收費之組織，漸有採行企業型「公式控制 Formula Controlled」預算之趨勢。

法定原則與公認原則

　　我國政府會計原則，係採法定主義。會計法與預算法爲訂定政府

會計主要原則與程序之兩大法律。會計法規定，各級政府關於會計制度之設計及會計事務之處理，均應遵守。預算法雖以中央政府為施行範圍，但規定地方政府亦得準用，兩法之影響甚為深遠。至於專業團體，無論對政府會計或對其他非營利組織會計，均乏原則之建議文件。歐美各國，情形不同，除法律規定外，各專業團體常訂有公認原則。例如美國與加拿大市財務人員協會 - Municipal Finance Officers Association of The United States and Canada 邀請各專業團體，包括美國會計學會 AAA，會計師公會 AICPA，美國市政協會 AMA，國際市經理協會 ICMA 等十餘團體指派代表，組織常設之全國政府會計委員會 National Committee on Governmental Accounting，其所建議的基本原則，幾為各方普遍接受。此外，如美國教育委員會 American Council on Education 發展的獨立學院與大學會計原則，美國醫院協會發展的醫院會計原則，亦均為眾所共認。

與營利會計的重要區別

　　非營利會計的特徵，亦即其與營利組織會計間的重要區別，闡述如下。

着重基金會計技術的應用　前已述及，政府或其他非營利組織，其與贊助人，支持人，社員，或一般公眾間，具有財產信託關係，導致基金會計技術的廣泛應用。此項技術係就一組織的資源，劃分成為各自平衡的基金個體。故在政府或其他非營利組織的會計記錄中，有許多獨特的帳目名稱。會計人員亦非祇設一套總分類帳即可，而必須就每一基金個體，各別設置一套獨立自平的總分類帳帳類。

資源流徑會計　由於政府或其他非營利組織，各有特定的服務目標，其會計記錄，除醫院會計，通常應非表達收益 Income，費用 Expenses，與淨收益 Net Income，而係着重基金個體流動資源的流向

責任。所入帳目顯示資源的流入，支出帳目反映資源的流出。在此種設計之下，資本支出與所入支出不予區分。兩者均記入同一的支出帳目，隨後結轉於基金餘額或剩餘帳戶。所入與支出表注重流動資源取得與處分的貨幣責任，與營利事業之損益表 Income Statement 可視同經營成績表 Operating Statement 者性質不同。

不記載折舊　政府及其他非營利組織，除自給自足基金 Self-sustaining Funds 與醫院的固定資產外，其餘通常均不記載折舊。此一原則，係與一定期間內發生或已付的資本支出即作爲該期間支出入帳的原則相一致。

注重經費控制　貨幣責任概念的另一結果，係普遍應用核定經費方式的預算實務。尤其政府預算，視爲一項重要的控制手段，預算資料並得正式入帳。但醫院與其他依賴服務收費的組織，則宜根據預期經營水準，應用公式控制。

會計基礎　在政府與非營利組織中，祇有自給自足基金與醫院適宜採行充分應計制會計 Full Accrual Basis of Accounting。其他個體在報告中所表達者，祇限於即可撥用的資產與未清償的契約責任，而非一切的應計與預付項目。

非營利會計方程式

營利事業會計技術，是基於「資產＝負債＋業主權益」之基本方程式發展而來。此一基本方程式，如予擴張，將名義帳目 Nominal Account 一併加入，則爲:

資產＝負債＋業主權益＋收益－費用

上示方程式中之一切要素，如令悉以正號表示，以便說明借貸法則，則爲:

資產＋費用＝負債＋業主權益＋收益

在等號左方的帳目（資產或費用），增加記借方，減少記貸方。反之，在等號右方的帳目（負債，業主權益，或收益），增加記貸方，減少記借方。

注重貨幣責任的基金個體，其類似的方法，有如下示方程式:

$$資產＋支出＋基金間債權＝負債＋所入＋基金間負擔$$

在等號左方的帳目，增加記借方，減少記貸方。反之，在等號右方的帳目，增加記貸方，減少記借方。

核定經費與預計所入帳目（定義見第二章），得加入方程式。核定經費可視同相對支出 Contra-expenditure 帳目。預計所入可視同相對所入 Contra-revenue 帳目。基此觀察，則核定經費增加記貸方，預計所入增加記借方。

結　　論

利潤責任概念，祇表達於私人企業，而不適合於政府與其他非營利個體。政府與其他非營利個體之財務報告，注重貨幣責任的表達。

基金會計與經費控制，足以適應表達貨幣責任的需要。此種報告編製的原理，捨棄成本與所入配合的會計實務，而係注重資源取得與處分的會計技術。所入與支出表乃反映可撥用資源的流入與流出。

問　　題

1. 政府與醫院，其主要的經營目標爲何？試分別與營利事業作一比較。
2. 何以若干的物品與勞務，不由營利事業提供？
3. 財務報告的編製，應如何合理表達一經濟個體的經營目標？
4. 市爲誰「所有」？又敎會大學爲誰「所有」？
5. 決定由誰控制營利事業行動的基本原則爲何？此項原則如何可應用於非營利組織？
6. 試述經費控制的方法，何以政府個體特別注重經費控制？
7. 經費控制概念與貨幣責任概念，其關係若何？政府與其他非營利組織中，爲表達貨幣責任所設計的報告編製技術爲何？

8. 政府與其他非營利組織，在使用資源管理上之特殊限制為何？

9. 試比較縣與私立學院的經營特徵。

10. 企業會計與政府會計，其主要的區別何在？此種差別與兩者在經營上之差別關係如何？

11. 政府會計基礎與企業會計基礎，其不同之點若何？理由安在？試說明之。

12. 政府會計中「基金」一辭之涵義若何？何謂基金個體？

13. 營利事業可否採行基金會計實務？試說明之。

14. 資源之應否以各別的基金個體記載，如何取決？

第二章 政府普通基金資源會計

政府個體採行的會計原則，與營利事業所公認的會計原則不同。本章說明政府會計應有的特殊方法。

施 政 的 特 徵

政府個體的設置，旨在提供服務於人民，提供此等服務所需的基金，通常係取自賦稅。賦稅的征課，則係根據納稅人支付能力的衡量，而非根據收受服務的價值。其結果是依照需要以提供服務，根據支付能力以征收資源。

預算的發展與應用

政府單位的支出計劃，通常係由會計人員編成年度預算，並提出於議會，然後由議會代表選民，就可用於各項目的之金額，作成決定。當提出的歲出預算，一俟議會通過時，它就成為核定經費 Appropriation，亦即可用於各種目的之法定金額。

稅率的決定

為支應計劃支出所需的稅課金額，應在編製預算期間同時予以決定。假定一個地方政府係以房屋稅為主要的課征時，則可依可稅房屋的評定價值 Assessed Value 為計算稅率的基礎。即以擬定的支出，減去其他預期的所入後之差，再除以該政府轄區內所有可稅房屋評定價值總額，求得房屋稅率。

各級政府預算的編製與核定，以及稅率的決定，係依據有關法律

的規定，並受其拘束。所以會計記錄的結構與保持，應表明遵循法定
的條件。

基金會計實務

政府單位係以設置獨立的基金個體與帳類爲手段，履行與控制其
財務責任。所謂獨立的基金個體者，乃因執行特定業務，或達一定目
標，而有其專備的可撥用資源。

每一基金個體，應單獨設立一套自平的會計記錄。一個基金，有
其資產與基金餘額帳目，通常亦有負債，所入，與支出等帳目。基金
的設置，可能是根據法律，規章，行政行爲，或管理決策。基金個體
之多寡，各國不同，縱在一國之內，各級政府之間，差別亦大。

我國現行會計法規定之基金分類，分爲: 普通基金，營業基金，
事業基金，公債基金，信託基金，留本基金，特賦基金，非營業循環
基金等八種。預算法規定，則分爲普通基金與特種基金兩類，特種基
金復分爲營業基金與其他基金兩種，其他基金則不再一一列舉。

美國聯邦政府近年來預算所載，基金分爲聯邦基金與信託基金兩
類。而聯邦基金復分爲普通基金，特別基金，公營企業（循環）基
金，政府內部循環與經理基金等四種。信託基金則包括保證金與信託
循環基金等在內。

依美國全國政府會計委員會一九六八年的修正建議，政府基金，
依其執行業務的種類，區分如下:

1. 普通基金 General Fund。
2. 特別所入基金 Special Revenue Funds。
3. 債務基金 Debt Service Funds。
4. 資本計劃基金 Capital Projects Funds。
5. 企業基金 Enterprise Funds。

6. 信託與代理基金 Trust and Agency Funds。

7. 政府間服務基金 Intergovernmental Service Funds。

8. 特賦基金 Special Assessment Funds。

每一政府單位有一普通基金。為適應其經常財務活動的需要，亦得設置其他的任何基金。一特定政府個體，其保持基金的種類，可能祇設一普通基金以至各種基金俱備。

普通固定資產與普通長期債務

政府之普通固定資產，雖由基金資源中換取，但不能用於支應支出。政府之普通長期債務，為未來年度之負擔，非由當期資源中支付。故普通固定資產與長期債務，另行設帳，不得包含於基金帳目之中。是為政府會計中之固定項目分開原則 Segregation of Fixed Items Principle。

會計法載：「政府之財物及固定負債，除列入歲入之財物及彌補預算虧絀之固定負債外，應分別列表或編目錄，不得列入資力負擔平衡表。但營業基金，事業基金，及其他特種基金之財物及固定負債為其基金本身之一部分時，應列入其資力負擔平衡表」。即屬此意。

美國全國政府會計委員會之修正建議，除上述八種基金外，亦曾建議設置兩種自平帳類，即普通固定資產帳類 General Fixed Asset Group of Accounts，與普通長期債務帳類 General Long-term Debt Group of Accounts。前者是用於記載一政府單位除政府間服務基金，企業基金，與某些信託基金外的固定資產。後者是用於記載除特賦，企業，與某些信託基金外的長期負債。

普　通　基　金

政府的普通基金，係執行一般施政所劃分的資源，用於記載此項

資源流徑獨立的財務與自平的會計個體。我國預算法載:「歲入之供一般用途者,為普通基金」。釋義簡單明瞭。

普通基金帳目

普通基金會計個體,至少包含資產,負債,基金餘額(通稱剩餘 Surplus)所入,與支出等帳目。它往往包含預計所入 Estimated Revenue 與核定經費 Appropriations,以及保留數 Encumbrance,保留數準備 Encumbrance-reserve 與基金間帳目 Interfund Accounts。

帳目釋義 卡納 Kohler 在會計辭典對資產所作釋義,謂「有金錢價值的所有物體……或為未來時期受益的成本」。此係基於營利個體的觀點為主。但普通基金資產,通常祇限於可撥用資源,諸如現金與近似現金 Near-cash 項目等是。

會計辭典對負債所作釋義,稱「一人對他人欠付的金額,而係以金錢,或以物品或勞務應付者」。此一定義,雖在營利會計與非營利會計雙方均可適用,但營利個體,較之政府單位,更注意於應計費用與預收收益的表達。

政府單位有一基金餘額 Fund-Balance 帳戶,有時亦稱未支配剩餘 Unappropriated Surplus 或基金剩餘 Fund Surplus,相當於公司會計中的資本餘額帳戶。會計辭典對基金剩餘所作釋義,謂「一特定基金的資源超過其負擔之數」。實際上,基金剩餘餘額,在名義帳目結束後,即等於基金可支用資源的淨額。

所入與支出(已在第一章解釋)帳目,當可想像得到是普通基金主要的名義帳目。它有如企業的收益與費用帳目一樣,於會計期間終了時予以結清。可是,所入與收益不同,支出與費用有別,此類帳目的設計,係反映可撥用資源的流入(所入)與流出(支出)。在繼續經營概念下,可撥用資源是流動資產淨額,在該期間內預期可用於支

應支出者。

　　預算帳目 Budgetary Accounts 是用於在正式記錄上表達預算計劃者。預計所入的記載，是表現預期流入普通基金的可撥用資源。核定經費帳目，則表現此項資源的預計流出。前曾述及預算法對經費所作之釋義，「謂依法定用途與條件得支用之金額」。美國全國政府會計委員會則謂「立法機關對特定目的所爲支出與發生契約責任之授權」。卡納的會計典辭解釋經費的定義爲「對支出授權所予金額，目的，與期間之限制；從可用或預期可用的指定資源中，一筆或一類支出的預爲正式核定。經費的限制，其拘束力因實施場合而有不同，在企業祇需管理方面同意即可，而在政府機關則應經立法程序」。預計所入與核定經費兩帳戶，於會計期間終了時結束，故列爲名義帳目的一類。

　　在普通基金會計中，爲加強經費控制，保留數與保留數準備帳目之使用，極爲需要。卡納對保留數所作之釋義稱「以契約或購買定單證明，或行政行爲決定的預期支出」。保留數帳戶亦爲名義帳戶；於每一會計期間終了時，連同所入、支出、預計所入、與核定經費等帳目一併結束。保留數準備實際上是一基金餘額限定帳戶，通常表示貸方餘額。它是實物帳戶 Real Account，故應列入普通基金平衡表。

　　基金間帳目，代表對其他基金個體之債權與負擔。此雖得視同普通基金的資產與負債，但不能解釋爲整個政府的資產與負債。

普通基金帳目與資源流徑　普通基金名義帳目的設計，是記載經營個體可撥用資源出入的流徑。所入帳目表達資源的來源。支出帳目表現其如何使用。因之，經由此等帳目與其他有關名義帳目的應用，則普通基金資源的貨幣責任賴以保持。依照此項控制概念，資本項目與所入項目，大部係以同一方式記載。例如，自普通基金資源中購買設備，在普通基金的記錄，除帳戶名稱不同外，事實上，一如薪資的支付。均作爲一筆支出或基金流出處理。

　　此等帳目在普通基金帳簿上得列爲各個帳目的組合，或作爲統制帳目並輔以適當的明細記錄。在本章的實例中，假定爲統制帳目。至明細分類帳部分，見圖 2-1。

帳目分類

　　每一主要的名義帳目分類，應進一步的予以細分，以提供資料更適當的表達，與達成資源流徑更明確的控制。爲達到此項目標，通常應設置表明次級分類 Subclassification 的明細記錄。

所入帳目　　所入項目以按來源別作次級區分爲主。普通基金所入假定爲下述各種:

1. 賦稅所入。
2. 罰款所入。
3. 執照與許可證所入。
4. 服務所入。
5. 其他機關撥付所入。

　　上述分類得再進一步的予以細分，以更適當的說明實現所入的來源。例如，賦稅所入得細分爲土地稅與營業稅等。其他的主要分類，亦得依此類推分析。

支出帳目　　支出係以按職能別作次級區分爲主。職能分類 Functional Classifications 假定爲下述各種:

1. 一般政務。
2. 警察服務。
3. 衛生服務。
4. 娛樂服務。
5. 圖書館服務。
6. 學校服務。

7. 債務償還。

8. 撥付其他基金支出。

9. 雜項支出

主要分類當然是根據政府單位所提供的服務。職能別或部門別的次級區分，得就主要職能分類內設定第一級的次級分類。例如一般政務職能，可分為行政、立法、與司法等次級職能或部門。進一步的次級分類，通常是按用途 Object 別區分。 例如，行政職能，可再區分為若干類目，諸如薪資、辦公費、與旅費等， 以設定逐項的 Item-by-item 預算控制。

預算控制與會計程序

經由核定經費方式的預算控制，是履行普通基金資源貨幣責任的當然工具。預算資料通常是正式記入政府會計記錄之中。有關正式的預算計劃應用於普通基金實際作業的方法，論述如下。

預算帳目　預計所入與核定經費帳目屬於預算帳目性質。政府的管理機構， 負責貨幣來源與處分的會計，並表明係依照核定經費而為之支出。因此通常應用的會計實務，係就實際資料與預算資料，在影響預算限額的程度上，作不斷的比較。關於普通基金會計程序，將例示於本章此後所述的事項與財務報告之中。

預算資料正式記入普通基金記錄如下：

借: 預計所入

借或貸: 基金餘額

貸: 核定經費

保留數帳目　為嚴密防止支出超過核定經費， 乃有保留數帳目的設置。當管理機構就其資源為未來支出之約定時，則應將該項可用經費予以保留。保留數的記錄如下：

保留數

保留數準備

當上項約定，於會計期間內成為支出時，則保留數分錄乃予轉銷，並以正常方式作成支出的記錄。

年度終了時，如保留數帳目尚有餘額，則其餘額應照結束支出帳目一樣的方式，予以結束。至保留數準備帳戶的餘額，則仍保持不動。

預算控制與結帳程序

在普通基金結帳時，預算的責任，亦顯然可見。企業個體的結帳分錄，着重於收益彙總帳戶中為所入與費用之配合。相對的，普通基金帳目之結束，則係所入帳目配合預計所入帳目，及以支出與保留數帳戶餘額配合核定經費。並將任一場合的差額，直接結轉於基金餘額或剩餘帳戶。此等結帳分錄有如下示:

借: 所入

借或貸: 基金餘額或剩餘

貸: 預計所入

借: 核定經費

借或貸: 基金餘額或剩餘

貸: 支出

保留數

普通基金事項會計

為例示普通基金會計程序，茲編定模範市的普通基金事項會計實例如下，此項實例，包括會計年度內發生的事項、分錄、及過入 T 帳戶的情形。一切事項的記載，係顯示於各別的普通基金帳簿之中。

普通基金的代表性事項

下面是模範市普通基金的期初平衡表：

模　範　市

平　衡　表

會計期間開始時

資　產		負債與基金餘額	
現　金	$ 20,000	應付憑單	$ 10,000
		基金餘額	10,000
	$ 20,000		$ 20,000

在年度內，發生下列事項：

1. 市議會通過次年度的預算如下：

預計所入明細分類帳（借方）

房屋稅	$ 1,450,000
營業稅	300,000
屠宰稅	50,000
罰款	50,000
執照與許可證	100,000
特殊服務收費	25,000
自來水廠盈餘	25,000
預計所入合計	$ 2,000,000

經費明細分類帳（貸方）

一般政務	$ 350,000
警察服務	250,000
街道維持服務	400,000
娛樂服務	200,000
衛生服務	165,000
撥付償債基金	50,000
學校服務	400,000
撥付特賦計劃	25,000
設置市修車廠	85,000
雜項	25,000
核定經費合計	$ 1,950,000

（市議會通過本會計期間的預算，計劃的所入較計劃的支用，超過＄50,000）。

2. 房屋稅率之取決，假定以評定價值（現值）除此項來源所需的預計所入。評定價值假定爲＄72,500,000，稅率計算如下：

$$\frac{1,450,000}{72,500,000}=0.02每元$$

此項稅率，卽每百元的評定價值，應課征＄2.00。

在經過必要的法定程序後，當卽發出納稅通知單，總額爲＄1,460,000。（此時明細分類帳，應按每一納稅義務人記明應收賦稅的金額，以補助借記的應收賦稅統制帳戶。至所入統制帳戶與所入明細分類帳之房屋稅所入帳戶應予貸記）。

3. 年度內收到其他所入＄545,000。此一事實的分錄，實際上是年度內發生各項所入收入若干分錄的彙總記載。

所入明細分類帳（貸方）

營業稅	＄320,000
屠宰稅	60,000
罰款	35,000
執照與許可證	90,000
特殊服務收費	20,000
自來水廠盈餘	20,000
合　計	＄545,000

4. 房屋稅已收起＄1,445,000。應收賦稅明細分類帳各個帳戶應予貸記，一如統制帳目所爲之分錄。

5. 年度內，發生各項經費支出，總額爲＄1,739,000，細數如下（此亦當係若干分錄之彙總，如支付薪資、購置設備等等）：

經費明細分類帳（支出部分）（借方）

一般政務	$ 348,000
警察服務	249,000
街道維持服務	248,000
娛樂服務	175,000
衛生服務	160,000
撥付償債基金	50,000
學校服務	375,000
撥付特賦計劃	25,000
設置市修車廠	85,000
雜項支出	24,000
合　　計	$ 1,739,000

6. 購置設備，簽訂合約，估計成本 $ 200,000，包括街道維持設備 $ 150,000，雜項娛樂設備 $ 25,000，及學校設備 $ 25,000。

經費明細分類帳（保留數部分）（借方）

街道維持服務	$ 150,000
娛樂服務	25,000
學校服務	25,000
合　　計	$ 200,000

7. 街道維持設備業已收到，實際成本 $ 145,000。

經費明細分類帳（支出部分）（借方）

街道維持服務	$145,000

經費明細分類帳（保留數部分）（貸方）

街道維持服務	$145,000

8. 年度內付訖之應付憑單與欠付特別基金金額，總計 $ 1,800,000。

9. 街道維持舊有設備報廢，原始成本 $ 60,000，殘料售得 $ 5,000。

記載假設事項的統制帳目分錄

下列分錄係記載假定事項的統制帳目。每一分錄均標明事項的號碼。

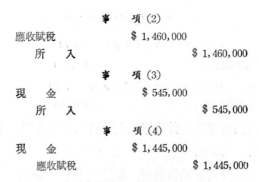

事　項 (1)

預計所入	$ 2,000,000	
核定經費		$ 1,950,000
基金餘額		50,000

此一事項係記載計劃服務所支配的金額。參閱事項說明，支配於街道維持服務者爲 $ 400,000。 置於使用此項基金更進一步的限制，參見明細分類帳 (圖 2-1)，其中指定用於薪資者 $ 200,000，用於維持者 $ 50,000，及用作於設備購置者 $ 150,000。由此可見，街道維持服務經費的貨幣責任係屬分項性質。

按所入來源別細分的預計所入，亦應依據此一事項記載。明細分類帳顯示來源別預計所入，與自每一來源實現的實際所入，及兩者間的關係。

事　項 (2)

| 應收賦稅 | $ 1,460,000 | |
| 所　　入 | | $ 1,460,000 |

事　項 (3)

| 現　　金 | $ 545,000 | |
| 所　　入 | | $ 545,000 |

事　項 (4)

| 現　　金 | $ 1,445,000 | |
| 應收賦稅 | | $ 1,445,000 |

事項 (2) 係表明對納稅義務人開發納稅通知單的計算結果。貸項是記入所入統制帳戶與所入明細分類帳。其他所入係於實現時記載。事項 (3) 表明此等分錄的彙總。事項 (4) 記載賦稅的收到，而此項

賦稅先前已於事項 (2) 記入應收項目。

事 項 (5)

支　　出	$ 1,739,000	
應付憑單		$ 1,579,000
欠付償債基金		50,000
欠付修車廠基金		85,000
欠付特賦基金		25,000

事項 (5) 是記載支出 $ 1,739.000，其中有 $ 248,000 係用於街道維持服務。此項支出再加分析，用於薪資者 $ 200,000，及用於維持者 $ 48,000。此項細數於記入明細分類帳 (圖 2-1) 後，可知薪資的全部經費已經用完，而維持費用尚餘 $ 2,000。支出合計中，有 $ 160,000 代表基金間負擔。此等事實之記錄，係貸記欠付償債基金，修車廠基金，與特賦基金等帳目。其餘 $ 1,579,000，係貸記應付憑單。

事 項 (6)

保留數	$ 200,000	
保留數準備		$ 200,000

事項 (6) 記載對設備購置經費的保留。在明細分類帳 (圖 2-1) 中，對於街道維持設備可用餘額的影響，係以調整經費餘額欄的數字來表示。此欄數字係顯示本會計期間內用於街道設備不得超過的限額。至於保留數準備之貸記，係表明對可撥用資源約束的限度。

事 項 (7a)

支　　出	$ 145,000	
應付憑單		$ 145,000

事 項 (7b)

保留數準備	$ 150,000	
保留數		$ 150,000

事項 (7a) 記載設備購置的實際成本，事項 (7b) 沖銷先前的保留記錄。此等金額亦係記入街道維持服務明細分類帳的設備部分。此兩筆分錄計算結果，尚剩餘 $ 5,000 可用於設備購置 (見圖 2-1)。再

者，並非一切支出均於發生前保留。惟有在約定日期與支出認定日期預計相隔時日較久者，始予使用保留數帳目。

事　項 (8)

欠付修車廠基金	$ 85,000	
應付憑單	1,640,000	
欠付特賦基金	25,000	
欠付償債基金	50,000	
現　　金		$ 1,800,000

　事項 (8) 顯示應付憑單 $ 1,640,000 之付現， 並將欠付修車廠基金 $ 85,000， 欠付特賦基金 $ 25,000， 及欠付償債基金 $ 50,000 分別付訖。

事　項 (9)

現　　金	$ 5,000	
所　　入		$ 5,000

　事項 (9) 係記載出售街道維持舊有設備的所入。 借記現金， 貸記所入。由於設備已於購置時借記支出，而其原始成本尚記在固定資產帳類中。其從固定資產會計記錄中除去此項資產之價值，當於第三章例示該項帳類時再加說明。

事項的過帳

　上述分錄過入普通基金帳目情形，有如下列 T 帳戶所示。根據發生的事項，來解答每一筆帳目的過記。

模範市的 T 帳戶
(括弧中的號碼，代表本書所使用的事項編號)

預計所入		核定經費	
(1)　$ 2,000,000	(c-1) $ 2,000,000	(c-2) $ 1,950,000	(1)　$ 1,950,000

所　　入		
(c-1) $ 2,010,000	(2)	$ 1,460,000
	(3)	545,000
	(9)	5,000

支　　出		
(5) $ 1,739,000	(c-2)	$ 1,884,000
(7-a) 145,000		

基金餘額		
	餘額	$ 10,000
	(1)	50,000
	(c-1)	10,000
	(c-2)	16,000

保　留　數		
(6) $ 200,000	(7-b)	$ 150,000
	(c-2)	50,000

應收賦稅		
(2) $ 1,460,000	(4)	$ 1,445,000

保留數準備		
(7-b) $ 150,000	(6)	$ 200,000

現　　金		
餘額 $ 20,000	(8)	$ 1,800,000
(3) 545,000		
(4) 1,445,000		
(9) 5,000		

應付憑單		
(8) $ 1,640,000	餘額	$ 10,000
	(5)	1,579,000
	(7-a)	145,000

欠付特賦基金		
(8) $ 25,000	(5)	$ 25,000

欠付修車廠基金		
(8) $ 85,000	(5)	$ 85,000

欠付償債基金		
(8) $ 50,000	(5)	$ 50,000

結帳分錄

　　會計期間終了時，普通基金結束名義帳目的分錄，見下列的分錄

C，至過入Ｔ帳戶之情形，已見上示帳式。

(C—1)

所　入	$ 2,010,000	
預計所入		$ 2,000,000
基金餘額		10,000

(C—2)

核定經費	$ 1,950,000	
支　出		$ 1,884,000
保留數		50,000
基金餘額		16,000

　　分錄 (c-1) 係於會計期間終了時作成，以結束所入與預計所入。其明細記錄亦同時結束。分錄 (c-2) 係結束支出，保留數，與核定經費。每一分錄的結平數字是轉記基金餘額帳戶。在明細分類帳(圖 2-1)分別以 $200,000，$48,000，與 $145,000 貸記薪資，維持，與設備等支出帳戶，此等細數係包括在分錄 (c-2) 貸方支出 $1,884,000 之內。如前述及，該明細分類帳所有借記核定經費部分，係借記核定經費總收 1,950,000 之一部。

明細分類帳

　　應用上述實例，應為每一統制帳目保持詳確的明細分類帳。在經費會計中，此種逐項控制，甚有必要。核定經費係依預算期間為之，而其支用授權，於預算期間終了時即行消逝。

　　支出控制，應將每一項的核定經費，及其支出，與保留數置於一處。為達成此項控制，通常係聯合此三種帳目設置特定項目的明細記錄。（圖 2-1 係街道維持服務部分用上述設定事項，記入經費明細分類帳的實例。）

圖 2-1

總費明細分類帳

街 道 維 持 部 分

	保　留　數			支　出			薪資經費		
	借　方・貸　方・餘　額			借　方・貸　方・餘　額			借　方・貸　方・餘　額		
(1)							$200,000	$200,000	
(5)				$200,000		$200,000			0
(c-2)				$200,000		0			0

	保　留　數			支　出			維持經費		
	借　方・貸　方・餘　額			借　方・貸　方・餘　額			借　方・貸　方・餘　額		
(1)							50,000	50,000	
(5)				48,000		48,000	48,000		2,0
(c-2)				48,000		0	2,000		0

	保　留　數			支　出			設備經費		
	借　方・貸　方・餘　額			借　方・貸　方・餘　額			借　方・貸　方・餘　額		
(1)							150,000	150,000	
(b)	$150,000		$150,000				150,000		0
(7-b)	$150,000		0				150,000	150,000	
(7-a)				145,000		145,000	145,000		5,000
(c-2)				145,000		0	5,000		0

普通基金財務報表

　　政府單位應爲每一基金編製單獨的財務報表，在本節中，將以模範市爲例，說明普通基金財務報表的編製。

財務報表之目標

　　依據普通基金編報財務資料的貨幣責任概念，其報表應表明下述情報:

　　1. 基金之來源與用途。

　　2. 預算計劃達成的程度。

3. 基金有關可撥用資源的財務地位。

所入與支出表

上述三項目標的前兩項，可藉由編製一種或二種報告以表達所入與支出而達成之。在若干場合，此項情報可聯合編成一表，以表達支出之抵銷所入。但政府個體通常係分編兩表，一爲所入表，一爲支出表。在每一報表中，着重實際數與預算數的關係。圖 2-2，與圖 2-3爲採取此種方式所編的報告，以表達特定會計期間普通基金的所入與支出。

所入與支出表的説明

財務報表係提供閱讀並備解釋。在以下各節中，就所入與支出表的若干重要事實，討論其對報表使用者的涵意。

圖 2-2

模　範　市

普　通　基　金

所　入　表

某　會　計　期　間

所　　入	估　計	實　際	比較增（減）
房屋稅	$ 1,450,000	$ 1,460,000	$ 10,000
營業稅	300,000	320,000	20,000
屠宰稅	50,000	60,000	10,000
罰款	50,000	35,000	(15,000)
執照與許可證	100,000	90,000	(10,000)
特殊服務收費	25,000	20,000	(5,000)
自來水廠盈餘	25,000	20,000	(5,000)
出售資產所入	0	5,000	5,000
合　　計	$ 2,000,000	$ 2,010,000	$ 10,000

圖 2-3

模 範 市

普 通 基 金

支出與保留數表

某 會 計 期 間

支 出	核定經費	實際支出	保留數	比較（增）減
一般政務	$ 350,000	$ 348,000		$ 2,000
警察服務	250,000	249,000		1,000
衛生服務	165,000	160,000		5,000
娛樂服務	200,000	175,000	$ 25,000	0
街道維持服務	400,000	393,000		7,000
撥付償債基金	50,000	50,000		0
學校服務	400,000	375,000	25,000	0
撥付特賦基金	25,000	25,000		0
設置修車廠	85,000	85,000		0
什項	25,000	24,000		1,000
合 計	$ 1,950,000	$ 1,884,000	$ 50,000	$ 16,000

所入表 圖 2-2 所入表，顯示實際所入合計多於預算 $ 10,000。房屋稅、營業稅與屠宰稅等超收數的實現，是以抵銷其他所入項目所實現的短收數而有餘。此種成果不能說是好或壞，它祇是表明歲入預算計劃達成的程度。譬如說，交通罰款所入的短收，可能是由於交通管制的不夠，或者是由於交通違章的減少。

支出與保留數表 圖 2-3 所示的報表可謂祇表達可撥用資源的實際流徑符合原始使用計劃的程度。明瞭核定經費與實際支用與定購的金額間的差異原因，至爲重要。譬如說，衛生服務經費實際少用 $ 5,000，可能是提供的服務較計劃的爲少。因爲每一筆經費預期一定水準的服務，而由於減少計劃服務數量之提供，往往可能造成節省。

在若干場合，亦可察知使用基金而效益不著。此種情況，可能發生於管理方面決定支用資源，祇是爲了既有經費支配，即可報銷了事的錯覺。

有時把所入與支出表喻為經營成績表是不確當的。經營成績表顯示一定期間所入與費用。由於所入與支出表包括出售資產所入與資本項目支出，較恰當地，可謂為可撥用資源的各項來源與支配資源於各項用途的報表。

平衡表

平衡表是表達普通基金關係可撥用資源的財務地位。圖2-4是例示模範市普通基金平衡表。

模範市平衡表顯示可撥用資源為 $230,000， 對此等資源的負擔為 $144,000， 下餘的基金餘額或剩餘為 $86,000 可供未來時期之用。

圖 2-4

模 範 市

普通基金平衡表

會 計 期 間 終 了 日

資　　產		負債，準備，與基金餘額	
現　　金	$ 215,000	應付憑單	$ 94,000
應收賦稅	15,000	保留數準備	50,000
		基金餘額	86,000
	$ 230,000		$ 230,000

基金餘額變動表

在企業個體的報告中， 為表明企業的連續 Connecting-link 史實，乃有保留收益變動表的編製。政府普通基金亦應有類此的報表，以表明基金餘額或剩餘帳目之變動。此項報表， 例示如圖2-5， 藉以說明在某會計期間內模範市普通基金餘額之變動。

圖 2-5

模 範 市

普 通 基 金

基金餘額變動表

某 會 計 期 間

	估　計	實　際	比較增（減）
期初基金餘額	$　　10,000	$　　10,000	
所　入	2,000,000	2,010,000	$　10,000
合　計	$ 2,010,000	$ 2,020,000	$　10,000
支　出	$ 1,950,000	$ 1,884,000	$（66,000）
期末保留數準備	0	50,000	50,000
期末基金餘額	$　　60,000	$　　86,000	$　26,000

普通基金會計特殊問題

　　上述普通基金會計程序與財務報表的舉例，係說明例行性與經常性事項的如何記載與造報表。熟習此項結構，乃爲明瞭基金會計程序的基礎。可是，尙有若干的問題，需要在會計記錄與報告編製方面，特別加以注意。此等特殊問題，分別論述如次。

預算帳目不正式入帳

　　普通基金的預算帳目餘額，有時得不經常設置正式記錄。此等場合，祇保持實際所入、支出、與保留數等名義帳目。當實行此種實務時，預算責任的表達，是定期的就每一所入與支出項目的實際數與預算數另行列表比較。

資本項目

　　資本項目與所入項目之不加區別，是政府會計特徵之一。由於此一特徵，乃有重大不同的若干特殊簿記程序，分述如次。

債券償還與固定資產購置　政府會計有關資本支出的程序，諸如普通

債券債務的償還，與固定資產的購置等事項，係記入支出帳目之借方。下列分錄舉例是記載債券的償還:

　　支出

　　　　應付到期債券

　　　　(或應付憑單)

　　　應付到期債券

　　　　現金

出售固定資產　因出售債券產生了供普通基金使用的現金，係記入所入帳目之貸方，實際上是與收起罰款同樣處理。因出售固定資產供普通基金使用所實現的現金，亦視同所入。下列是此等事項的分錄舉例:

　　現金

　　　　所入

記載出售固定資產所作分錄亦同。

存　　貨

　　在編製報表的另一重要問題，係庫存用品與其他類似項目的表達。普通基金平衡表主要是表現可撥用資源及對其求償 Claim 的報表。由於用品的成本，通常均係於購置時記入支出帳目，用品存貨得視同不能撥用的資源。在另一方面，倘若用品存貨數額鉅大，應於編製平衡表日期表現庫存用品的成本。此項金額，最初可以下列備忘分錄予以記載。

　　庫存用品

　　　庫存用品準備

　　當庫存用品減少時，應為相反之分錄，以減少此等帳目之餘額。倘若用品餘額增加，則應以其增加之金額作同上之備忘分錄。

短期借賒

可是，普通基金每一筆現金的流入，並非均係所入。例如，普通基金得發行短期庫券，因而發生借賒，在此場合，應作分錄如下：

現金

應付庫券

當預收賦稅收到現金時，亦應視同一項負擔。在此場合，負債帳戶稱「預收賦稅」或類似的名稱。

普通基金亦得向政府單位內其他基金借賒。倘若普通基金向循環基金借進現金，應作分錄如下：

現金

欠付循環基金

當收到現金時，如何決定究應貸記所入帳戶抑爲負債或基金間帳戶？決定的因素，繫於是否需由普通基金可撥用資源中於同一期間內付還此項金額。例如，債券係從未來年度所實現的資源中支付。在另一方面，應付短期庫券則由普通基金從同一期間內所實現的資源中支付。當賦稅開徵時，「預收賦稅」將以「應收賦稅」資源抵銷。在此等短期負擔發生的場合，乃貸記負債帳戶，而非貸記所入帳戶。

期末的保留數

會計期間終了時，如尚有保留數未及清結，需要一不同於例行的程序。在模範市的實例中，期末保留數餘額＄50,000，係與支出一樣結轉於核定經費。保留數準備餘額仍列入平衡表。關於此項準備的負擔，須在次年度抵銷。記載支出抵銷未清保留數所使用的會計程序，茲以實例說明。假定設備的估計成本爲 ＄50,000，而於次年度送達時，其實際成本爲＄49,500，則記載抵銷未清保留數的分錄如下：

保留數準備	$ 50,000	
應付憑單		$ 49,500
基金餘額		500

上述程序是基於會計期間終了時保留的經費並不停止支用之假定。可是，有些國家的政府單位亦得規定未支用經費停止支用。在此場合，保留的項目之在次年度購進者，應在該購進年度核定。下列分錄係用以適應此種情況，即在年終時將保留數餘額轉銷，而在次年開始時又復轉回：

(年終分錄)

保留數準備	$ 50,000	
保留數		$ 50,000

(下年度開始)

保留數（新年度）	$ 50,000	
保留數準備（新年度）		$ 50,000

此後記載支出與轉銷保留數之分錄，有如前述模範市實例，不再贅及。

征收應收賦稅的可能損失

征收應收賦稅的可能損失，是需要特別考慮的另一問題。企業個體為收取應收帳款的預期損失，係借記費用帳戶。由於應收賦稅非至收到，並不能實際可供因應支出之需，而係依現金可實現價值 Cash Realizable Value 記載；征收應收賦稅的預期損失，係以所入減項處理。在模範市的實例中，係假定一切賦稅均可收到。倘若根據過去經驗，在該期間內約有 $ 10,000 可能無法收到時，則記載賦稅所入的分錄如下：

応收賦税　　　　　　　　$ 1, 460, 000

　　備抵壞税　　　　　　　　　　　$ 10, 000

　　所入　　　　　　　　　　　　　1, 450, 000

備抵壞税是一評價帳戶，在平衡表上係於應收賦税項下列抵。

應收賦税分錄，指出當期税課的應收金額。當賦税成為過期時，其應收的餘額，應另設一「應收賦税一過期」帳戶表示之。過期賦税所課罰款，應記入應收罰款帳戶，並貸記所入。

當過期賦税未能在規定時期內繳納時，應結轉欠税財產留置權 Tax Liens Receivable 帳戶。其方式與應收賦税結轉應收賦税一過期相同。此後，根據此項求償權終成現金的實現，或者祇取得產權成為普通基金的資產。當此種事實發生時，則欠税財產留置權餘額，應與備抵欠税財產留置權損失帳戶一併冲銷。

事項工作底表舉例

普通基金財務事項的記錄，在實際程序上是使用正式的序時簿與分類帳。可是，為便於問題解答，特編列有如圖 2-6 所示的事項工作底表，作為說明的良好工具。此可節省許多的時間，而無損於技術的瞭解。工作底表經將本章前所例示與所討論過的事項與報表等重要因素，併列於一多欄式用紙之上。

圖 2-6

某範市

事項工作底表

某會計期間

科目	期初餘額	事項 借方	事項 貸方	所入與支出 借方	所入與支出 貸方	期末平衡表 借方	期末平衡表 貸方
現金	$20,000	3 $545,000	8 $1,800,000			$215,000	
應收賦稅		4 1,445,000	9 5,000			15,000	
應付憑單	$10,000	2 1,460,000	7a 145,000				$94,000
欠付債基金		8 1,640,000	5 1,579,000				
欠付特賦基金		8 50,000	5 50,000				
欠付修車廠		8 25,000	5 25,000				
基金餘額	10,000	8 85,000	5 85,000				60,000
保留數準備			1 50,000				50,000
預計所入		7b 150,000	6 200,000				
核定經費		1 2,000,000	$2,000,000				
所入					$1,950,000		
					2,010,000		
支出		5 1,739,000		1,884,000			
		7a 145,000					
保留數		6 200,000	7b 150,000	50,000			
合計	$20,000	$9,489,000	$9,489,000	$3,934,000	$3,960,000	$204,000	$230,000
差額入基金餘額帳戶				26,000		26,000	
	$20,000			$3,960,000	$3,960,000	$230,000	$230,000

結　　論

政府的組織特徵，應以特定金額支配於每一支出項目的預算，作為控制施政之工具。政府個體為財產信託性質，需要應用基金會計技術，基金會計乃劃分政府資源成為若干各自平衡的會計個體，亦即所謂基金。

可用於一般施政的資源為普通基金。普通基金會計記錄的主要目標，乃顯示可用於一般施政資源的來源與去路。造成此項目標所設計的會計記錄與據以編製的財務報表，已於本章舉例與說明。

普通基金會計的另一目標，係表明資源的實際取得與處分符合預算計劃之程度。因此，預算資料通常應予入帳，並與實現的所入，發生的支出直接連繫。

基金會計的特殊問題，主要是普通基金資源流徑會計不分資本項目與所入項目。至於存貨的表達，短期借賒的會計，年終保留數的處理，與征收賦稅的預期損失等，係應特予考慮的其他問題。

問 題 與 習 題

1. 說明「所入 Revenue」一辭使用於政府會計與使用於企業會計的不同涵義。
2. 何謂「費用 Expense」？何謂「支出 Expenditures」？
3. 何以政府單位的名義帳目使用「所入與支出」，而不用「所入與費用」？如何將此等名辭表達基金個體資源的流徑？
4. 試比較說明企業平衡表與政府普通基金平衡表之區別。
5. 「保留數」一辭的涵義若何？保留數帳戶是否可用於企業會計？如然，何以不予使用？
6. 解釋「核定經費」一辭的意義。企業個體內的基金是否須經撥用的程序？如然，何以企業會計記錄不反映基金的撥用？
7. 政府預算程序與企業預算程序有何不同？何以普通基金通常須將預算資料記入帳目？
8. 「可撥用資源」一辭的意義若何？
9. 如何將未能撥用的資源，如未耗用用品之類，得表現於普通基金平衡表？
10. 政府處理征收應收賦稅的預期損失與企業處理收取應收帳款的預期損失，其不同之點

何在？並說明其所以不同之理由。

11. 趙君與錢君住在不同城市。趙君指出他所住城市的優點，根據的事實為該市房屋稅稅率僅為＄1.38。錢君說，他不明白何以趙君所住城市的稅率如此之低，因為他所住的城市係按每百元評定價值支付＄2.00，而且比趙君所享受市政利益為少。此種比較是否正確？試申論之。

12. 市政會計人員對於如何適切決定提供特定服務的成本，往往認為難事，此一問題的癥結何在？

13. 「基金」一辭，在政府會計中如何使用？何謂基金個體？

14. 營利企業可否實行基金會計？試說明之。

15. 在決定特定資源應否以獨立的基金記載時，其基本的考慮為何？

16. 甲市的可稅房屋的評定現值為＄50,000,000。假定市議會通過歲出預算為＄800,000。估計＄50,000的所入將自房屋稅外的其他來源實現。根據過去的經驗，一切賦稅征課約有2％可能收不到。問甲市應征房屋稅的稅率若干？

17. 乙市定購街道維護工程車兩具，估計成本＄50,000，此一事實如何入帳？並說明該帳戶餘額的重要性。

18. 上題（第17題）的工程車業已運達。帳單價格＄48,000，此一事項應如何記錄，試說明之。

19. 丙縣上年度終了時保留數為＄35,000，本年度第一個月，在此項保留數中包含定購的項目，業已送達，帳單＄34,500，應如何記錄該項帳單？

20. 丁市年度終了時，普通基金尚有庫存用品，計價＄5,000。惟此等用品原已於購買時記作支出。倘欲將用品存貨表達於普通基金平衡表，應作何項分錄？

21. 戊市會計期間終了時，除其他帳目外，計有下列各帳目餘額：

預計所入	＄500,000
核定經費	485,000
所入	508,000
支出	460,000
保留數	20,000
保留數準備	20,000

   根據上述資料，作成必需的結帳分錄。並說明從結帳分錄中結出餘額的重要性。

22. 某縣警察局的明細記錄，除其他帳目外，計有下列餘額：

核定經費——用品	＄5,000
支出——用品	3,000
定購用品保留數	300

   問該局可用於用品的經費餘額若干？

23. 下列為己市61年十二月卅一日會計記錄的資料：

己　市

普　通　基　金

部分總分類帳試算表

（調整前）

61年12月31日

	借　方	貸　方
用品盤存（實地盤存61/12/31）	$ 10,000	
預計所入——什項	20,000	
預計所入——賦稅	95,000	
核定經費		$ 112,000
所入——什項		19,900
所入——賦稅		95,500
保留數	20,000	
支出	80,000	
以前年度保留數項下支出	7,100	
保留數準備（61/1/1 餘額 $7,000）		27,000
用品盤存準備（61/1/1 餘額）		12,000
未支配剩餘		3,300
剩餘收入		1,700

補充資料:

1. 消防部門截至61年十二月卅一日止核定經費未保留餘額為 $10,025。經市議會表決准將此項餘額移轉於62年度的金額為 $10,000，此項事實尚未入帳。
2. 截至61年十二月卅一日止普通基金尚有購貨定單 $20,000 未能清結。

根據上項資料，請:

a. 編製61年十二月卅一日普通基金帳目的調整分錄。
b. 編製61年十二月卅一日普通基金帳目的結帳分錄。
c. 編製多欄式的61年度未支配剩餘變動分析表。使用下述專欄標題:「估計」、「實際」、與「比較增減」。

24. 庚鎮普通基金62年六月三十日終了之年度結束時，其調整後試算表如下:

庚　鎮

普通基金試算表

62年6月30日

現金	$ 1,100	
應收賦稅——當期（註1）	8,200	
備抵壞稅——當期		$ 150
應收賦稅——過期	2,500	

備抵壞稅——過期		**1,650**
應收什項帳款	4,000	
備抵壞帳		400
運用資本基金欠付	5,000	
經費支出（註2）	75,000	
保留數	3,700	
所入（註3）		6,000
欠付公用事業基金		1,000
應付憑單		2,000
保留數準備一以前年度		4,400
保留數準備		3,700
剩餘收入（註4）		700
核定經費		72,000
未支配剩餘		8,000
	$ 100,000	$ 100,000

註 1：應收當期賦稅與應收什項帳款，按所入來源以應計制記載，其金額各爲 $50,000
　　與 $20,000，此等項目並曾提列 2% 之備抵損失。

註 2：本年度內曾經支付 $4,250，用以清償會計年度開始時所有未清結的購買定單。

註 3：代表本會計年度預算（預計）所入 $70,000 與實現的實際所入間的差額。

註 4：代表出售火災損害設備售價所入。

根據上述資料請：

　a. 編製多欄式的62年六月三十日終了之年度未支配剩餘變動分析表，使用下述專欄
　　標題：「估計」、「實際」、與「比較增減」。

　b. 編製 62 年六月三十日正式的平衡表。

第三章　特種基金與帳類會計

基金個體概念，主要是包含劃分一個組織的資源，成為若干各自平衡的會計個體。一政府單位雖可想像為祗處理普通基金資源，因而祗需設一會計個體的記錄，但此非代表性的情況。

在若干場合，特定資源使用上的限制與賦與政府管理人員之信託責任，使其必需依照法律或完全自願的將此等單位的會計記錄，分成若干基金個體。此外尚需關於固定資產與長期負債的情報，亦應設置自平的會計個體。此等財務資料，概可歸納為三大類：

1. 特種來源與處分的基金 Special Source and Disposition Funds。

2. 自給自足基金 Self-sustaining Funds。

3. 帳類 Account Groups。

本章說明應用於政府的上列特種基金與帳類的會計程序。

特種來源與處分的基金

第一類所謂特種來源與處分的基金，必須是與會計個體結合的「一筆金錢或其他資源」，而管理的關鍵必須依照創立計劃的規定，注意此等資源的收受與使用。舉凡特別所入基金 Special Revenue Funds，債劵基金 Bond Funds，償債基金 Sinking Funds，特賦基金 Special Assessment Funds，及信託與代理基金 Trust and Agency Funds，均屬此類。此等基金會計的主要目標，係表明資源之如何取得與使用。

事項的種類

特種基金的作業，主要的是涉及在特定計劃的限度內資源之取得與使用，其內容與上章記載普通基金作業所示標準事項大致相同，分述如下（並就下述項目以括弧附註普通基金的相當事項）：

1. 取得與使用特定資源的核准（在普通基金，核准係完成於預算的承認）。
2. 資源的取得（在普通基金，取得係反映於記載所入收入的分錄中）。
3. 資源的處分（普通基金的支出分錄，例示此等事項）。
4. 資源特定用途的指定（普通基金的保留數分錄，例示此等事項）。
5. 保留資源移轉於支出（普通基金係以冲轉保留數分錄與記載相關支出的分錄，完成此項移轉）。
6. 結帳分錄（普通基金例示的結帳分錄，係以所入配合預計所入，以支出與保留數配合核定經費，並以其差額轉入基金餘額帳戶）。

各特種基金大部分的事項，可分別歸入上述六類之中。

特別所入基金

政府對特別所入基金之設置，可有可無，可多可少。就資源統籌着眼，不宜設置過多。此類基金，係基於法令之要求，稅課的特定部分限用於特定業務。教育基金可能是各國地方政府最普遍的特別所入基金。就教育主管機關立場言，教育基金是普通基金；故其財務報表與會計實務，與第二章所示者至為相似。帳目的結構是表達指定使用於教育設施的資源之來源與處分。

債券基金

債券基金之產生，是基於政府單位核准普通債券的出售。所謂普通債券，係由整個政府而非由該政府的某一部分發行與償還的債券。債券基金會計記錄的主要目標是表達自出售債券發行所實現資源的取得與處分。至於債券的負債，則係記在債券債務帳類的帳目中。本節舉例說明債券基金業務會計的記錄程序。

債券基金的代表性事項　債券基金代表性的分錄舉例，係根據下列模範市債券基金事項的假設。本章所討論的一切事項，與第二章所例示事項連貫；並假定發生於同一會計期間。

模範市債券基金在會計期間內發生的事項如下。

B-1.　為支應街道改良，核准發行普通債券 $ 500,000。

B-2.　出售債券收到現金 $ 502,000。

B-3.　街道改良發生部分支出 $ 350,000，其中有 $ 5,000，是用於由市營修車廠提供的服務。

B-4.　就改良計劃的餘額，與包商簽訂合約 $ 140,000。

B-5.　上項（見事項 B-4）契約中有 $ 50,000，業已完成，並已編製付款憑單。由於變更規範，同意支付 $ 52,000。契約訂明，在改良工程實績驗收無訛前，市政府得依原訂包價保留 10%。

B-6.　應付憑單 $ 387,000，與欠付市營修車廠 $ 5,000，均已付訖。

記載假設事項的分錄　下面是假設事項的分錄舉例：

事　項 (B-1)

未發額定債券	$ 500,000	
債券發行核定經費		$ 500,000

債券基金發行債券之核准，係與普通基金預算之核定相似。分錄

(B-1) 乃此項核准數的入帳。此項分錄，屬於第一類事項，反映債券基金的設施計劃。由於此非包含資源的實際收付，有時免予正式入帳。但債券發行的核准，通常是正式設置債券基金會計個體的肇始。

事　項 (B-2)

現　金	$ 502,000	
出售債券所入		$ 502,000

上項分錄，屬於第二類事項，記載以溢價 $ 2,000 出售債券。事實上，此一計劃所支配的金額應等於債券的面值，因而發生溢價如何使用的問題。通常法定條款控制溢價的使用。如依規定，得用於支應計劃的經費，則以等於溢價的金額貸記核定經費帳戶，亦得規定將溢價移轉於償債基金或普通基金，如此則依溢價金額貸記基金間負擔帳戶。由於債券之約定利率較市場利率為高，故將溢價移轉於償債基金，似較妥當。

倘若債券以折價出售，則折價的處理，亦應根據法定條款。或則減少核定經費的餘額，或照折價的金額，由償債基金或普通基金移來補足。

事　項 (B-3)

債券基金支出	$ 350,000	
應付憑單		$ 345,000
欠付修車廠基金		5,000

事　項 (B-4)

債券基金保留數	$ 140,000	
保留數準備		$ 140,000

事　項 (B-5a)

保留數準備	$ 50,000	
債券基金保留數		$ 50,000

事　項 (B-5b)

債券基金支出	$ 52,000	
應付憑單		$ 47,000
約定應付款—留存成數		5,000

支出與保留數分錄，屬於第三、第四、與第五類事項，其中與普通基金分錄舉例稍有不同者，為「約定應付款－留存成數」帳戶的使用（見分錄 B-3、B-4、與 B-5）。此一帳戶代表在承包商實績尚末驗收無訛以前約定延付之金額。當市政府驗收實績之後，即依正常方式支付此項負擔。倘若街道改良工程末能驗收合格，則承包商應依約作必需的修理。

事　項 (B-6)

欠付修車廠基金	$ 5,000	
應付憑單	$ 387,000	
現　金		$ 392,000

上項分錄，係記載憑單的支付。

結帳分錄　無論是在會計期間終了時，或者是當計劃完成時，名義帳目均應結束。當出售債券的一切收入，業已依法使用後，則市政府會計記錄中的債券基金帳目，應當全數予以結束與轉銷。倘若上述債券基金事項業已處理完畢，應即作成下示之結帳分錄。此等分錄包括假定末清保留數可按其帳面價值予以清償，及未使用與未保留的資源係移轉於償債基金。

(C-1)

出售債券所入	$ 502,000	
未發額定債券		$ 500,000
所入超過經費		2,000

(C-2)

債券發行核定經費	$ 500,000	
債券基金支出		$ 402,000
債券基金保留數		90,000
應付償債基金		8,000

(C-3)

所入超過經費	$ 2,000	
應付償債基金		$ 2,000

(C-4)

應付償債基金 $ 10,000
　　　現　金 $ 10,000

　　在上述舉例中，倘若超溢資源的處分，尚未決定採取任何行動，則可用「債券基金餘額」帳戶，代替分錄 (c-1) 與 (c-2) 中貸記之「應付償債基金」。

事項的過帳　上述分錄過記於債券基金分類帳各帳戶的情形，見下示之 "T" 帳戶。並在每筆金額的左邊，標註事項的號碼，以便對照：

未發額定債券			債券發行核定經費		
(B-1)	$ 500,000	(C-1) $ 500,000	(C-1)	$ 500,000	(B-1) $ 500,000

出售債券所入			支　　　出		
(C-1)	$ 502,000	(B-2) $ 502,000	(B-3)	$ 350,000	(C-2) $ 402,000
			(B-5b)	52,000	

現　　　金			債券基金餘額		
(B-2)	$ 502,000	(B-6) $ 392,000	(B-4)	$ 140,000	(B-5a) $ 50,000
		(C-4) 10,000			(C-2) 90,000

應　付　憑　單			保　留　數　準　備		
(B-6)	$ 387,000	(B-3) $ 345,000	(B-5a)	$ 50,000	(B-4) $ 140,000
		(B-5b) 47,000			

約定應付款—留存成數			應付償債基金		
		(B-5b) $ 5,000	(C-4)	$ 10,000	(C-2) $ 8,000
					(C-3) 2,000

所入超過經費			欠付修車廠基金		
(C-3)	$ 2,000	(C-1) $ 2,000	(B-6)	$ 5,000	(B-3) $ 5,000

財務報表　債券基金財務報表的編製,旨在表達財務地位,核定經費、所入、支出、與保留數。　由於此項基金主要是牽涉現金的實現與支

圖 3-1

模　範　市

債券基金平衡表

期　　　末

資　產		負　債	
現　金	$ 100,000	應付憑單	$ 5,000
		約定應付款一留存成數	5,000
		保留數準備	90,000
資產合計	$ 100,000	負債, 準備與基金餘額合計	$ 100,000

圖 3-2

模　範　市

債券基金經費、所入、支出、與保留數

某會計期間

核定經費	$ 500,000
所入超過經費	2,000
債券基金可用資金	$ 502,000
減: 債券基金支出	402,000
未支用餘額	$ 100,000
減: 債券基金保留數	90,000
未保留餘額	$ 10,000
減: 移轉償債基金數	10,000
基金餘額	$ 0

圖 3-3

模　範　市

債券基金現金收付表

某會計期間

收入		
出售債券		$ 502,000
付出		
改良工程合約付款	$ 392,000	
償債基金付款	10,000	402,000
期末現金結存		$ 100,000

付，故通常亦應編製現金收付表。茲將模範市債券基金報表的編製，例示如圖 3-1, 3-2, 與 3-3。

償債基金

償債基金，是積聚指定的資源，用於普通債券之償還。其會計記錄的主要目標，乃在表現基金來源與其償還債券發行的用途。

應用於政府單位的償債基金與應用於企業者相似。但其主要之差別，在政府之償債基金，資源之限定，較之在營利事業更為嚴格。故政府償債基金，不僅就資產為用途之指定，抑且設置一單獨的自平會計個體。

本節例示與說明償債基金代表性事項的會計程序。

償債基金的創設　債券的發行，依償付方式可分為兩種，即一次到期償付債券與分期償付債券。無論發行何種債券，從賦稅所實現的資源，必須專備或用於每年的償債。當出售一次到期償付債券 Term Bonds 時，則須設置償債基金，用於指定資源的積聚並作短期投資。當發行分期償付債券 Serial Bonds 時，償債基金則非必要；蓋定期償付取代償債基金分擔 Contribution，而其支付係直接從普通基金資源中為之。

償債基金的創設，通常應於發行一次到期償付債券所訂契約中予以規定。償債基金之為獨立的會計個體，起始於從普通基金應提分擔額之決定，此時在創設的基金中作成預算或核准分錄。

償債基金資產的投資　積聚於償債基金中的資源，應於債券到期償付以前，投資生息。記載投資收益的實務，與營利事業償債基金記載收益的方式相同。

償債基金的代表性事項　茲假設模範市設置一償債基金以償還債券。債券期限為八年，每年需從普通基金（見普通基金分錄1）中分擔

＄50,000。下列代表性事項，為例示償債基金資源取得與使用會計的
簿記實務:

　　S-1.　依債券契約 Bond Indenture（見債券基金）規定的條款，
　　　　　每年應由普通基金撥付償債基金（見普通基金分錄1核定
　　　　　經費）＄50,000。又第一年預計投資收益＄2,000。

　　S-2.　普通基金負擔償債基金分擔額，其應撥金額業已認定（見
　　　　　普通基金分錄5）

　　S-3.　收到普通基金關於上項付款（見普通基金分錄8）。

　　S-4.　就償債基金資源中提出＄49,000 投資生息。

　　S-5.　收到投資收益＄1,950。

記載假設事項的分錄　根據上述事項舉例，分錄如下:

事　項 (S-1)

預計投資所入	＄2,000	
應提普通基金分擔額	50,000	
債券償還準備		＄52,000

　　債券契約條款，訂明設置償債基金，每年由普通基金分擔償債基
金＄50,000，依其金額編入普通基金之預算。分錄 (S-1) 屬於第一
類事項，係記載此項應提數於償債基金記錄之中。當普通基金預算核
准時，應提數係在普通基金帳目中指撥（見普通基金分錄1）。

　　在償債基金中，應表現包括分錄 (S-1) 中之項目；但因此係預
算帳目性質，亦得免記。

事　項 (S-2)

普通基金欠付	＄50,000	
普通基金分擔所入		＄50,000

事　項 (S-3)

現金	＄50,000	
普通基金欠付		＄50,000

　　分錄 (S-2) 屬於第二類事項，記載應收普通基金的數額。此係

實際財務資料的第一筆事項。「普通基金分擔所入」表現從普通基金所提的資源。借項「普通基金欠付」是基金間帳目，爲償債基金的資產。其對普通基金債權的收取，係表現於分錄 (S-3)。

事 項 (S-4)

投　資	$ 49,000	
現　金		$ 49,000

此項分錄，係記載償債基金現金的投資。

事 項 (S-5)

現　金	$ 1,950	
投資所入		$ 1,950

分錄 (S-5) 是記載償債基金投資所獲利息收益。

結帳分錄　下面例示的 "T" 帳戶，顯示實際所入的來源如下:

普通基金分擔額	$ 50,000
投資所獲利息	1,950

預算帳目表現此等估計數字，除投資收益相差 $ 50 外，餘尚相符。下列結帳分錄，即爲便於此項比較:

(C-1)

普通基金分擔所入	$ 50,000	
應提普通基金分擔額		$ 50,000

(C-2)

投資所入	$ 1,950	
基金餘額	50	
預計投資所入		$ 2,000

事項的過帳　以上分錄過記於償債基金分類帳各帳戶情形，有如下列 "T" 帳戶之所示。並於每筆金額之左邊，標註事項的號碼，以便對照:

應提普通基金分擔額			
(S-1)	$ 50,000	(C-1)	$ 50,000

債券償還準備			
		(S-1)	$ 52,000

預計投資所入			
(S-1)	$ 2,000	(C-2)	$ 2,000

普通基金分擔所入			
(C-1)	$ 50,000	(S-2)	$ 50,000

普通基金欠付			
(S-1)	$ 50,000	(S-3)	$ 50,000

現　　金			
(S-3)	$ 50,000	(S-4)	$ 49,000
(S-5)	1,950		

投　　資	
(S-4)	$ 49,000

投 資 所 入			
(C-2)	$ 1,950	(S-5)	$ 1,950

基 金 餘 額	
(C-2)	$ 50

財務報表　償債基金報表，係於每一會計期間終了時編製。償債基金所需表達的情報，與以前例示的普通基金與債券基金報表，在基本上並無不同。茲根據上示"T"帳戶，編製報表如下：

圖 3-4

模 範 市

償債基金平衡表

期　　末

資　產		負債，準備，與基金餘額	
現　金	$ 2,950	債券償還準備	$ 52,000
投　資	49,000	基金餘額	(50)
資產合計	$ 51,950	負債，準備與基金餘額合計	$ 51,950

圖 3-5

模 範 市

償債基金應提數，預計所入，與所入

某 會 計 期 間

應提普通基金分擔額		$ 50,000
預計投資所入		2,000
		$ 52,000
普通基金分擔所入	$ 50,000	
投資所入	1,950	51,950
所入實現虧絀		$ 50

償債基金資源的處分　上示償債基金帳目中不含支出。迨至基金資源

用於償還債券時，支出纔會發生。在模範市的實例中，基金存在的前
七年期間，可能祇有資源的取得。至第八年終了時，接近 $500,000
之資產，應已積聚足額，以備到期債券償還之用。倘若抵除債券發行
應提數後尚有餘額，通常係移轉於普通基金，以充市政之需。

特賦基金

　　特賦基金係因征課特賦以支應特定公共改良工程的全部或部分費
用而設置。此項基金會計記錄的主要目標，是在表現爲特定改良工程
指定基金的來源與使用。

特賦基金之特徵　特賦基金之記錄，與前述之其他基金頗爲相似，但
亦有若干不同之點。記錄的次一目標，是在表達置於基金內各項資源
的限制與基金的長期負擔。例如，代表普通基金，債券基金，與償債
基金等事項之要素，以及代表部分長期債務帳類的項目，均包含於特
賦基金會計資料之中。此等關係，將於說明模範市特賦基金分錄舉例
時，再予論述。

特賦基金的代表性事項　茲設定一套關於模範市特賦基金的代表性事
項，此等分錄，其中若干可能與第二章所示普通基金分錄有關。特賦
基金事項如下：

　　SA- 1.　爲建築新住宅區之街道,核准設置特賦基金。總計改良工
　　　　　　程費 $250,000。此項支出,其由普通基金負擔部分 $25,
　　　　　　000,業已包括在普通基金核定經費（見事項1）之內。
　　　　　　其餘 $225,000，　向該區內財產所有權人征課特賦。　特
　　　　　　賦征課分十年繳納。

　　SA- 2.　普通基金分擔額業已收到（見普通基金事項5與8）。

　　SA- 3.　照面值發行特賦基金債券 $225,000，供應建設資金。

　　SA- 4.　發生建設支出 $200,000，　其中 $10,000，　係由市營修

車廠提供的服務。

SA- 5. 簽訂街道改良工程合約，計價 $ 45,000。

SA- 6. 上項契約（見事項 SA-5）業已完成，負擔亦已認定。
契約訂明，双方同意在街道圓滿使用三個月前，扣存
10％之價款。

SA- 7. 收到第一期特賦征課 $ 22,500。

SA- 8. 收到應收遞延特賦利息 $ 6,075。

SA- 9. 支付各項憑單 $ 230,000。

SA-10. 支付債券持有人利息 $ 4,050。

SA-11 應計應付債券利息 $ 2,000。

SA-12. 應計應收遞延特賦利息 $ 900。

記載假設事項的分錄　下面是假設事項的分錄舉例：

事　項 (SA-1a)

核准改良	$ 250,000	
建設經費		$ 250,000

事　項 (SA-1b)

普通基金欠付	$ 25,000	
普通基金移轉所入		$ 25,000

事　項 (SA-1c)

應收特賦—當期	$ 22,500	
應收特賦—遞延	202,500	
特賦所入		$ 225,000

在街道改良計劃核准後，作成 (SA-1a) 分錄，設置特賦基金。
此項分錄，屬於第一類事項，而與普通基金的預算分錄相當。分錄
(SA-1b)，屬於第二類事項，是記載普通基金承認其對特賦基金的
負擔。分錄 (SA-1c)，亦屬第二類事項，是記載所產生的特賦征課，
以支應特賦計劃成本的餘額。

事　項 (SA-2)

工程現金	$ 25,000	
普通基金欠付		$ 25,000

事　項 (SA-3)

工程現金	$ 225,000	
應付債券		$ 225,000

　　事項 (SA-2) 表達收自普通基金移轉的現金。事項 (SA-3) 表達出售特賦債券實現的現金。此等資源均限用於建設，可視爲特賦基金的普通基金資產。分錄 (SA-3) 是將特賦基金應付債券的負擔，記在特賦基金帳簿之中。由於此等債券係特賦計劃資源之負擔，而非模範市普通資源之負擔，故應作如是之處理。

事　項 (SA-4)

支　出	$ 200,000	
應付憑單		$ 190,000
欠付修車廠基金		10,000

事　項 (SA-5)

保留數	$ 45,000	
保留數準備		$ 45,000

事　項 (SA-6a)

保留數準備	$ 45,000	
保留數		$ 45,000

事　項 (SA-6b)

支　出	$ 45,000	
應付憑單		$ 40,500
約定應付款—留存成數		4,500

事　項 (SA-7)

償還債券現金	$ 22,500	
應收特賦—當期		$ 22,500

　　事項 (SA-4)，(SA-5)，與 (SA-6)，與模範市其他基金分錄擧例相似，分屬於第三，第四，與第五類事項。分錄 (SA-7) 反映分期收取第一期特賦的收納。此項現金收納是限定爲「償還債券現金」，

以達成特賦基金內因需償還債券而應設置償債基金之目的。在特賦計劃會計中，資源的再次劃分，一般均認爲可取。

事　項 (SA-8)

付息現金	$ 6,075	
利息收益		$ 6,075

收到應收遞延特賦的利息，是記在分錄 (SA-8)。再者，此項收入是專備支付債券利息之用。倘若遞延特賦在到期前繳納，則投資生息的收入，應照償債基金資產同樣方式處理。

事　項 (SA-9)

應付憑單	$ 230,000	
工程現金		$ 23,000

事　項 (SA-10)

利息費用	$ 4,050	
付息現金		$ 4,050

事　項 (SA-11)

利息費用	$ 2,000	
應付利息		$ 2,000

事　項 (SA-12)

應收利息	$ 900	
利息收益		$ 900

分錄 (SA-9) 毋需解釋。但分錄 (SA-10) 顯示另一特點，即利息費用是認爲費用項目。特賦基金，就其借入資金而論，是一自給自足的個體。故在特賦基金帳目中，使利息費用配合利息收益，甚關重要。基此理由，在分錄 (SA-11) 與 (SA-12) 中，應記載費用與收益的應計項目。

結帳分錄　在會計期間終了時，或當計劃完成時（倘若在會計期間終了前完成），則作成下列分錄，以結束各名義帳目：

事　項 (C—1)

建設經費	$ 245,000	
支　出		$ 245,000

事　項（C—2）

利息收益	$ 6,975	
利息費用		$ 6,050
基金餘額—利息		925

事　項（C—3）

普通基金移轉所入	$ 25,000	
特賦所入	225,000	
核准改良		$ 250,000

事項的過帳　上述分錄過記於特賦基金帳目情形，見下示之"T"帳戶。並於每筆金額的左邊，標註事項的號碼。

核 准 改 良				建 設 經 費	
(SA-1a) $ 250,000	(C-3)　$ 250,000		(C-1)　$ 245,000	(SA-1a) $ 250,000	

普通基金移轉所入				特 賦 所 入	
(C-3)　$ 25,000	(SA-1b) $ 25,000		(C-3)　$ 225,000	(SA-1c) $ 225,000	

普通基金欠付				工 程 現 金	
(SA-1b) $ 25,000	(SA-2)　$ 25,000		(SA-2)　$ 25,000	(SA-9)　$ 230,000	
			(SA-3)　 225,000		

應收特賦—當期				應 付 債 券	
(SA-1c) $ 22,500	(SA-7)　$ 22,500			(SA-3)　$ 225,000	

應收特賦—遞延				支　　　出	
(SA-1c) $202,500			(SA-4)　$ 200,000	(C-1)　　$ 245,000	
			(SA-6b)　 45,000		

保 留 數				應 付 憑 單	
(SA-5)　$ 45,000	(SA-6a) $ 45,000		(SA-9)　$ 230,000	(SA-4)　$ 190,000	
				(SA-6b)　 40,500	

付　息　現　金			償還債券現金		
(SA-8)	$ 6,075	(SA-10) $ 4,050	(SA-7)	$ 22,500	

保　留　數　準　備			約定應付款一留存成數		
(SA-6a)	$ 45,000	(SA-5) $ 45,000			(SA-6b) $ 4,500

利　息　收　益			利　息　費　用		
(C-2)	$ 6,975	(SA-8) $ 6,075	(SA-10) $ 4,050	(C-2)	$ 6,050
		(SA-12)　900	(SA-11)　2,000		

應　收　利　息			應　付　利　息		
(SA-12)	$ 900				(SA-11) $ 2,000

基金餘額一利息			欠付修車廠基金		
		(C-2)　$ 925			(SA-4) $ 10,000

財務報表　特賦基金的財務報表，與前述其他基金所例示者相似。但特賦基金報表的特點有二。第一、平衡表的結構，應最有效的表達限定資產與對其求償權的關係。此項結構應如下列報表中作資產與負債的適當安排：

圖 3-6
模　範　市
特賦基金平衡表
會計期間終了時

資　　産		負債，準備，與基金餘額	
工程現金	$ 20,000	應付憑單	$　　50
		欠付修車廠基金	10,000
		約定應付款一留存成數	4,500
		建設經費	5,000
	$ 20,000		$ 20,000
償還債券現金	$ 22,500	應付債券	$ 225,000

應收特賦—遞延	202,500			
	$ 225,000		$ 225,000	
付息現金	$ 2,025	應付利息	$ 2,000	
應收利息	900	基金餘額—利息	925	
	$ 2,925		$ 2,925	
資產合計	$ 247,925	負債，準備，與基金餘額合計	$ 247,925	

　　第二，特賦基金運用表 Operating Statement 的結構，係表達建設資金之來源與處分，並包括應收應付在內的收益與費用。此項報表結構例示如下：

圖 3-7

模 範 市

特賦基金運用表

某 會 計 期 間

普通基金移轉所入	$ 25,000
特賦所入	225,000
可用所入合計	$ 250,000
支出	245,000
未支用所入	$ 5,000
利息收益	$ 6,975
利息費用	6,050
利息收益超過利息費用	$ 925

　　特賦基金通常尚應編製表達工程現金，償還債券現金，付息現金等收付之收入付出表。茲例示如下：

圖 3-8

模 範 市

特賦基金現金收付表

某 會 計 期 間

	工程現金	償還債券現金	付 息 現 金
期初結存	$ 0	$ 0	$ 0
收入	250,000	22,500	6,075
合計	$ 250,000	$ 22,500	$ 6,075
付出	230,000	0	4,050
期末結存	$ 20,000	$ 22,500	$ 2,025

特賦基金的終結　特賦基金創設後，通常以單獨的會計個體，繼續運用至該項計劃的債券業已清償爲止。倘若一切負擔均已清償而基金資源尙有存留，除非在基金創設時另訂有處分條款外，則係移轉於普通基金。倘若利息費用超過利息收益，或者建設支出超過預期金額，如其短少的資源爲數不大，可由普通基金資產移來抵補。此項資源之使用，通常需經管理機關之核准。

基金個體的識別　在前述分錄舉例中，就分錄 (SA-3) 再作更完全的分析，以示設置各別基金個體之重要性。此一分錄事實的表達，應可如下例記在兩個基金與一個帳類。雖然此種實務並不施行於特賦基金會計，但下列舉例，旨在演示事實，使主辦會計人員要常常注意於特定基金個體之使用。

特賦債券基金

現　金	$ 225,000	
出售債券所入		$ 225,000
支　出	$ 225,000	
現　金		225,000

特賦普通基金

現　金	$ 225,000	
債券基金移轉所入		$ 225,000

特賦長期債務帳類

待籌償債數	$ 225,000	
應付債券		$ 225,000

特賦會計的一般實務，係在基金個體內爲資源的適當劃分，以示限制。前述特賦基金之舉例，卽係經由劃分工程現金，償還債券現金，與付息現金之方式，以達成此一目的。

信託與代理基金

政府單位有時以受託人身分收受資源與履行特定的責任。當發生

此項事實時，必須設置一單獨的會計個體，以反映依照合同收受資產之財務責任。此種基金，一般稱之爲信託與代理基金。

　　信託與代理基金的會計記錄，通常採行現金制。依照信託合同之條件，一特定的基金個體，可能短期或長期的存在。但信託代理合同，通常規定特定資源的收入，作爲本金，保持不動。故政府單位尙需將基金投資生息，以供指定目的之用。在此場合，會計記錄的結構，必須就本金與收益項目之間，予以明確的劃分。

信託與代理基金的代表性事項　下面是信託與代理基金會計程序擧例。

　　模範市收到捐贈 $100,000，合同訂定，投資收益用於學生暑期康樂活動，其事項如下：

　　TA-1. 市政府收到某君捐贈 $100,000。

　　TA-2. 將全部現金投資於有價證券。

　　TA-3. 收到利息收益 $2,500。

　　TA-4. 支出 $2,000。

記載假設事項的分錄　上述事項，分錄如下：

事　項 (TA-1)

本金現金	$100,000	
基金餘額－本金		$100,000

事　項 (TA-2)

投　資	$100,000	
本金現金		$100,000

事　項 (TA-3)

收益現金	$2,500	
收　益		$2,500

事　項 (TA-4)

收益支出	$2,000	
收益現金		$2,000

結帳分錄　會計期間終了時，結束名義帳戶，分錄如下：

事　項 (C-1)

收　益	$ 2,500	
收益支出		$ 2,000
基金餘額—收益		500

　　信託與代理基金的分錄，與本章前示的其他基金的分錄，其唯一的差別，卽本金與收益資源間的劃分。此項劃分，有時可按收益資產與本金資產，使用單獨的基金個體。但一般係在基金內，依其來源專設資產帳戶，並使用單獨的基金餘額帳戶以反映之。此項財務責任之表達，與特賦基金資源會計，至爲相似。

事項的過帳　　上述分錄的過帳情形，見下示之"T"帳戶。並於每筆金額的左邊，標註事項號碼，以便對照。

```
        本 金 現 金                          基金餘額—本金
(TA-1) $ 100,000 | (TA-2) $ 100,000              | (TA-1) $ 100,000

          投        資                          基金餘額—收益
(TA-2) $ 100,000 |                               | (C-1) $    500

        收 益 現 金                              收        益
(TA-3) $ 2,500 | (TA-4) $ 2,000    (C-1) $ 2,500 | (TA-3) $ 2,500

                        收 益 支 出
           (TA-4) $ 2,000 | (C-1) $ 2,000
```

自 給 自 足 基 金

　　自給自足基金是使用於限定目的專備的資源。其運用的主要目標，在求各該基金的自給自足。此類基金之會計程序，當於下節例示。

　　前此所論的一切基金個體，主要的是要表達資源取得與處分之財務責任。除了少數場合，諸如信託基金外，基金的所入，直接或間

接的係由征稅權來決定，而非依賴基金持有資產的收益力 Earning Power。在發展此等基金記錄時，會計人員主要的職責，是表達基金的貨幣責任或貨幣的流徑。

在一個需要自給自足計劃下所設置的基金個體，與營利事業處理方式甚多相同。其會計記錄之結構，亦復相似。故自給自足基金必須表達資本項目與所入項目的劃分，並應為折舊之處理。

政府業務經由設置自給自足基金處理者，以保養中心 Maintenance Center 與材料倉庫 Materials Stores 最為普遍。

修車廠基金的代表性事項   茲假定模範市設有市營修車廠，保養市有汽車，例示此類基金會計程序如下：

SS-1.   收自普通基金出資 $ 85,000，設置汽車保養中心（見普通基金事項 1,5,與 8）。

SS-2.   購置設備 $ 35,000，用品 $ 10,000。

SS-3.   在本會計期間內發生費用 $ 40,000，又耗用用品計價 $ 4,000。

SS-4.   對其他基金提供服務與裝配零件，開發帳單如下：

普通基金	$ 35,000
特賦基金	10,000
債券基金	5,000

SS-5.   普通基金與債券基金所欠帳款，業已收訖。

SS-6.   應付憑單 $ 75,000，業已付訖。

SS-7.   設備分十年折舊。

記載假設事項的分錄   上述事項，分錄如下：

事   項 (SS-1)

現 金	$ 85,000	
普通基金資本出資		$ 85,000

事　項 (SS-2)

設　備	$ 35,000	
用　品	10,000	
應付憑單		$ 45,000

事　項 (SS-3)

費　用	$ 44,000	
用　品		$ 4,000
應付憑單		40,000

事　項 (SS-4)

普通基金欠付	$ 35,000	
特賦基金欠付	10,000	
債券基金欠付	5,000	
服務所入		$ 50,000

事　項 (SS-5)

現　金	$ 40,000	
普通基金欠付		$ 35,000
債券基金欠付		5,000

事　項 (SS-6)

應付憑單	$ 75,000	
現　金		$ 75,000

事　項 (SS-7)

費　用	$ 3,500	
備抵折舊		$ 3,500

結帳分錄　市營修車廠基金之結帳分錄如下：

(C-1)

服務所入	$ 50,000	
費　用		$ 47,500
基金餘額—收益		2,500

事項的過帳　上述分錄的過帳情形，見下示之"T"帳戶。並於每筆金額的左邊，標註事項號碼，以便對照。

現　　金		普通基金資本出資	
(SS-1)　$ 85,000	(SS-6)　$ 75,000		(SS-1)　$ 85,000
(SS-5)　　40,000			

設　備

(SS-2)	$ 35,000		

應付憑單

(SS-6)	$ 75,000	(SS-2)	$ 45,000
		(SS-3)	40,000

用　品

(SS-2)	$ 10,000		

費　用

(SS-3)	$ 44,000	(C-1)	$ 47,500
(SS-7)	3,500		

普通基金欠付

(SS-4)	$ 35,000	(SS-5)	$ 35,000

服務所入

(C-1)	$ 50,000	(SS-4)	$ 50,000

特賦基金欠付

(SS-4)	$ 10,000		

備抵折舊

		(SS-7)	$ 3,500

債券基金欠付

(SS-4)	$ 5,000	(SS-5)	$ 5,000

基金餘額—收益

		(C-1)	$ 2,500

財務報表　自給自足基金的財務報表，與營利事業者相似。以收益表 Income Statement 表達該會計期間的營業，而以平衡表反映殘餘餘額 Residual Balance，並另編一表以顯示基金餘額—收益 Earning 帳戶之變動。

公營事業　政府通常尚經營公用事業 Utilities 及其他服務企業。一般而論，此等業務，原期依照類似的民營企業同樣方式來經營，故其會計記錄之保持，可採行商業會計原則。事實上，公營事業係作為單獨的商業處理，其財務報告之編製，亦係表達每一事業的經營成績與財務地位。

公營事業的產權資本 "Equity" Capital，通常係從政府資源中撥來。其目的與民營事業之業主權益 Owners' Equity 相同。稱**資本**

者，謂指定來源的資源，然後成爲「產權」帳戶。資本之另一來源，來自企業對其資產或預期收益所發行之債券。此等債券爲特定基金的負擔，而非政府的負擔；故應從基金業務所賺得的所入中償還，而非從賦稅所入中償還。

帳　　類

　　政府單位爲明瞭取得固定資產價值與普通長期債務狀況，亦應設置會計個體，以提供此類財務資料爲基本目標。此等會計個體並無備用資源。固定資產帳類與債券債務帳類，卽屬此種性質之會計個體。

　　帳類與基金不同，帳類不是撥定資源的積聚。其設置之目標，在於表達未由基金記錄正常提供的財務事實，蓋基金記錄對於資本項目與所入項目間之反映，並無基本的差別。就其在基金會計整個結構中之地位而論，有時稱爲備忘帳類 Memo Account Groups。爲彌補基金會計表達的缺陷，應設置二套帳類：一套是固定資產，一套是長期負債。此等個體之會計實務，將於以下如節逐一說明。

普通固定資產帳類

　　普通固定資產帳類，係表達固定資產的取得價值及其取得的資金來源。此項記錄係發端於普通固定資產之取得，而其取得當時，係以借記支出或核定經費於各個基金。所謂各個基金係指普通基金，特別所入基金，債券基金，與特賦基金等。故普通固定資產帳類之記錄，直接與上述各個基金之支出分錄有關。此一帳類，不記載自給自足或信託基金有關的資產。

　　下列的分錄舉例，用以說明此一會計個體的處理方法。並以商業會計記載固定資產取得所應用的分錄，與政府會計所應用的分錄，加以比較，以增進對此一個體會計實務的瞭解。

企業個體的分錄

資　産　　　　　　　　　　　XXX
　　應付憑單或現金　　　　　　　　　　　XXX

政府普通基金的分錄

支　出　　　　　　　　　　　XXX
　　應付憑單或現金　　　　　　　　　　　XXX

普通固定資產帳類

資　産　　　　　　　　　　　XXX
　　普通基金固定資產投資　　　　　　　　XXX

　　上述政府會計的分錄，如將借記「支出」與貸記「普通基金固定資產投資」銷除，則其餘的帳戶餘額，完全與企業個體帳簿所示者相同。會計資料之割裂成為各別的基金個體，而在基金記錄內未為資本與所入項目之區分，乃有使用此一帳類之必要，以提供有關固定資產之記錄。

普通固定資產帳類的代表性事項　由於普通資產帳類的每一事項，原係發端於各個有關基金之分錄，故此一會計個體所示的每一分錄，應與所由發生的基金分錄，對照參閱。下面是某會計期間開始前的帳戶餘額：

設備	$ 900,000
建築與改良物	450,000
普通基金固定資產投資	750,000
債券基金固定資產投資	400,000
特賦基金固定資產投資	200,000

各個基金個體影響固定資產帳類的事項如下：

FA-1. 新購街道維持設備，計價 $145,000（普通基金分錄 7）。

FA-2. 變賣舊有街道維持設備，售得 $5,000，其原始成本為 $60,000（普通基金分錄 9）。

FA-3. 完成街道改良工程 $350,000（債券基金分錄 B-5）。

FA-4. 完成街道改良工程的另一單位 $52,000（債券基金分錄 B-5）。

FA-5. 完成街道改良工程 $245,000 （特賦基金分錄 SA-4 與 SA-6b)。

記載假設事項的分錄 上述事項，應在固定資產帳類分錄如下：

事 項 (FA—1)

設 備	$145,000	
普通基金固定資產投資		$145,000

事 項 (FA-2)

普通基金固定資產投資	$60,000	
設 備		$60,000

事 項 (FA-3)

建築與改良物	$350,000	
債券基金固定資產投資		$350,000

事 項 (FA-4)

建築與改良物	$52,000	
債券基金固定資產投資		$52,000

事 項 (FA-5)

建築與改良物	$245,000	
特賦基金固定資產投資		$245,000

固定資產帳類分錄之設計，是表現政府自有固定資產之原始成本及其取得之資金來源。分錄 (FA-1)，(FA-3)，(FA-4)，與 (FA-5) 係例示固定資產會計之此種性質。

當資產報廢時，原為反映取得資產所作之分錄乃予冲銷。分錄 (FA-2) 係例示此項冲銷程序。出售資產收入係在普通基金中作為所入記帳。

事項的過帳 上述分錄過入固定資產帳類情形，茲以 "T" 帳戶例示如下：

建築與改良物		普通基金固定資產投資	
餘額 $450,000	(FA-2) $60,000	(FA-2) $60,000	餘額 $750,000
(FA-1) 145,000			(FA-1) 145,000

設　　　備			債券基金固定資產投資	
餘額	$ 900,000		餘額	$ 400,000
(FA-3)	350,000		(FA-3)	350,000
(FA-4)	52,000		(FA-4)	52,000
(FA-5)	245,000			

特賦基金固定資產投資	
餘 額	$ 200,000
(FA-5)	245,000

財務報表　由於固定資產帳類是備忘記錄性質，並不包含撥定資源的流動，故不需表現資源來源與運用之報表。茲例示此一帳類一般適用的報表如下：

圖 3-9

模 範 市

固 定 資 產 表

會計期間終了時

持有資產		取得資產之資金來源	
設　備	$ 535,000	固定資產投資	
建築與改良物	1,547,000	普通基金	$ 835,000
		債　券	802,000
		特　賦	445,000
	$ 2,082,000		$ 2,082,000

長期債務帳類

以下各節，說明長期債務帳類之會計程序。

創設與目標　此一帳類表現政府普通長期負擔之情形，此項負擔通常係以應付債券爲主。長期負債的金額係以貸方餘額表現，而償還的需求與積聚係以抵銷的借項來反映。此等債務利息的長期負擔，一般亦是包含於該帳類之中。特賦基金應付債券與自給自足基金營業的應付債券，則列爲各該基金之負債，不在本帳類之列。

　　爲例示此一會計個體之如何應用，茲就企業個體帳簿記載出**售債券**發行的分錄，與政府出售普通債券發行的分錄，比較如次：

企業個體分錄

現　金	XXX	
應付債券		XXX

債券基金分錄

未發額定債券	XXX	
債券發行核定經費		XXX
現　金	XXX	
未發額定債券		XXX

長期債務帳類

待籌償債數	XXX	
應付債券		XXX

　　上述政府會計的分錄，如將債券基金中貸記之「債券發行核定經費」，與長期債務帳類中借記之「待籌償債數」銷除，則其餘的帳戶餘額，適與企業個體帳簿所示者相同。會計資料之割裂成爲各別的基金個體，而在基金記錄內未爲資本與所入項目之區分，乃有使用此一帳類之必要，以提供有關長期負債之記錄。

長期債務帳類的代表性事項　由於長期債務帳類的每一事項，原係發端於各個有關基金之分錄，故此一會計個體所示的每一分錄，應與所由發生的基金分錄，對照參閱。下面是各基金個體影響於長期債務帳類之事項：

　　LTD-1. 出售年息 4% 之債券 $500,000（債券基金分錄 B-2）。

　　LTD-2. 普通基金分擔償債基金 $50,000（償債基金分錄 S-3）。

　　LTD-3. 償債基金投資賺得所入 $1,950（償債基金分錄 S-5）。

記載假設事項的分錄　上述事項，應在長期債務帳類分錄如下：

事　項 (LTD-1)

待籌償債數	$500,000	
待籌付息數	160,000	
應付債券		$500,000
應付利息		160,000

事　　項 (LTD-2)

可用償債數	$ 50,000	
待籌償債數		$ 50,000

事　　項 (LTD-3)

可用償債數	$ 1,950	
待籌償債數		$ 1,950

此一會計個體的創始分錄之設計，旨在表現政府承擔的普通長期負擔。其後的分錄，是表達爲償還此等負擔所已積聚的資源。分錄 (LTD-1)，(LTD-2)，與 (LTD-3) 卽爲此等資料之例示。

當支付債券利息時，貸記「待籌付息數」與借記「應付利息」，當債券到期還本時，有關帳戶餘額乃予冲銷，而在該帳類中的全部帳戶悉予結束。

事項的過帳　上述長期債務帳類分錄的過帳情形，茲以"T"帳戶例示如下:

待 籌 償 債 數		應 付 債 券	
(LTD-1) $ 500,000	(LTD-2) $ 50,000		(LTD-1) $ 500,000
	(LTD-3)　　1,950		

待 籌 付 息 數		應 付 利 息	
(LTD-1) $ 160,000			(LTD-1) $ 160,000

可 用 償 債 數	
(LTD-2) $ 50,000	
(LTD-3)　　1,950	

財務報表　由於長期債券債務帳類是備忘錄性質，並不包含撥定資源的流動，故不需表現資源流徑的報表。茲例示此一帳類一般適用的報表如下:

圖 3-10

模　範　市

普通長期債務與利息表

會計期間終了時

將用於還本付息之基金狀況		負　　擔	
待籌償債數	$ 448,050	應付債券	$ 500,000
待籌付息數	160,000	應付利息	160,000
可用償債數	51,950		
會　計	$ 660,000		$ 660,000

基金間關係舉例

關係事項的對照

在第二章與第三章中記載基金假設事項之分錄, 所有各基金間的關係, 及基金與帳類間的關係, 曾予註釋。為期更能增進瞭解此等關係起見, 茲就前述所有分錄之涉及其他基金或帳類分錄之編號, 彙列於圖 3-11。 基金與帳類名稱列於上端, 此等會計個體名稱之下, 則列出相互關聯的個體分錄編號。

圖 3-11

普通基金	債券基金	償債基金	特賦基金	修車廠基金	普通固定資產	長期債務
(1)		(S-1)	(SA-1a)			
(5)		(S-2)	(SA-1b)	(SS-1)		
(7b)					(FA-1)	
	(B-1)					(LTD-1)
(8)		(S-3)	(SA-2)	(SS-1)		(LTD-2)
(9)					(FA-2)	
	(B-3)			(SS-4)		
	(B-5b)				(FA-4)	
		(S-5)				(LTD-3)
			(SA-4)		(FA-5)	
			(SA-6b)		(FA-5)	

綜合平衡表

雖然若干的會計人員認爲一個政府單位的綜合報表，效用有限，但綜合平衡表 Combined Balance Sheet 通常仍有編製之必要。茲將模範市的綜合平衡表例示如圖 3-12。

結　論

政府單位的特殊會計個體，可分爲兩大類，即特種基金與帳類。特種基金可再分爲特種來源與處分基金與自給自足基金兩種。

特種來源與處分基金事項會計的基本目標，乃在於表現經由基金個體的資源流徑。故其會計程序，大部分與第二章普通基金的內容相似。特賦基金帳目，尙有另一目標，即表現基金內可用於償債付息資源之特定限制。此一會計個體之帳目，亦表現特賦計劃的長期負擔。信託與代理基金可就來源與處分予以分類，通常亦按備用 Expendable 與存儲 Nonexpendable 資源予以劃分。

自給自足基金的會計實務，與商業會計極爲相似。資產購置支出應予資本化，並應記載折舊。一定期間編製的成本與所入配合的損益表 Operating Statement，要在決定各該期間的損益。

自平帳類係用於表現關於固定資產與長期負債的財務事實。其與基金不同之點，在於不包含撥定資源。通常應用的有兩個自平帳類，即普通固定資產帳類與普通長期負債帳類。固定資產帳類，借項表現固定資產之取得價值，貸項則表現資產之來源。長期債務帳類，貸項是表現長期負擔的金額，結平的借項則表現應爲償還負擔業已積聚基金之多寡。

問 題 與 習 題

1. 一政府單位通常是否均有一普通基金會計個體？是否至少有一特種基金個體？又是否有一帳類會計個體？試申述之。
2. 政府單位之會計記錄，何以應分成各自平衡的基金個體。其管理的特徵如何？又企業組織之記錄，可否沿用類此方式？
3. 在決定應否設置一各別的基金個體以記載特定資源時，究應如何判斷？
4. 所有特定來源與處分基金個體事項之會計，其共同目標爲何？
5. 試述特種來源與處分基金，與自給自足基金之主要區別。

6. 試述基金與帳類之區別。

7. 預算問題，主要是涉及普通基金帳目，關於每一特種來源與處分基金之何種作用，類似普通基金之預算作用。

8. 應付債券帳戶，是否會出現於債券基金帳目之內？

9. 償債基金資源會計之基本目標何在？

10. 何以政府單位之會計記錄中，應包含有備忘帳類？

11. 普通固定資產帳類與長期債務帳類所編的財務報表，通常祇有帳目餘額的報表，何故？

12. 根據長期債務帳類帳目餘額所編的長期債務與利息報表，其所表達的情報爲何？

13. 普通基金對特種基金之支付，得記作應收款項，亦得記作支出。請問在何種情況下，作適當的抉擇？

14. 代理基金會計最主要的特徵如何？如何確認？

15. 甲市普通基金支出，計有下列各項：

    撥付償債基金　　　　　　　　　　　$ 10,000

    撥付特賦基金　　　　　　　　　　　20,000

    購置設備　　　　　　　　　　　　　25,000

    a. 上述事項影響何種基金或帳類？

    b. 在有關基金與帳類中，應作如何分錄？

16. 在償債基金中之資源爲 $ 510,000，用於償還債券債務者 $ 500,000。

    a. 作成此一事項之所有分錄。

    b. 說明每一分錄之意義。

17. 償還特賦基金債券 $ 100,000，試分錄之。

18. 乙市修車廠基金修理警車，開發帳單 $ 500 給警察局，如何記載此一事實？

19. 有某件設備報廢，其原始成本 $ 50,000，殘值售得 $ 2,000，如何記載此一事實？

20. 下列丙市之事項，試作成應有之分錄：

    a. 核定發行債券 $ 50,000，照面值出售，以支應普通基金之虧絀。

    b. 核定特賦改良工程 $ 150,000。

    c. 攤派特賦 $ 120,000。

    d. 市政府支付特賦工程成本應攤分 $ 30,000（參見 b 項）。

    e. 出售特賦債券 $ 120,000，以支應工程建設。

    f. 特賦工程完成，成本 $ 140,000，已從特賦資源中支付。

21. 下列帳目通常顯示於政府會計記錄中。請在答題紙上，就各個帳戶名稱之後，註明所屬基金的文字編號。一個帳戶可能不止屬於一個基金。

    帳　　目　　　　　　　　　　基　　金

    1. 應付債券　　　　　　　　a. 普通

    2. 保留數準備　　　　　　　b. 特別所入

    3. 應付到期債券　　　　　　c. 債券

4. 未發額定債券　　　　　　　　d. 特賦
5. 設備　　　　　　　　　　　　e. 償債
6. 核定經費　　　　　　　　　　f. 運用資本
7. 預計所入　　　　　　　　　　g. 信託與代理
8. 應收賦稅—當期　　　　　　　h. 公用事業或其他企業
9. 未來年度應付利息　　　　　　i. 普通固定資產
10. 約定應付款—留存成數　　　　j. 普通債券債務與利息

22. 丁市設有電廠，供電於公眾。電廠設置自給自足基金，以記載一切事項。此一基金靠售電所入維持。電廠的擴充係以發行債券支應，並從所入中償還。

電廠的一切現金係由市庫掌握。用戶電費及其他收入存入市庫。支付則由市庫發出支票。

下面係電廠 69 年 6 月 30 日結帳後餘額:

市庫存款	$ 2,250,000	
用戶欠付	2,120,000	
其他流動資產	130,000	
未完工程	500,000	
土地	5,000,000	
廠房	50,000,000*	
累計折舊—廠房		$ 10,000,000
應付帳款與應計負債		3,270,000
五厘電廠所入債券		20,000,000
累積盈餘		26,730,000
	$ 60,000,000	$ 60,000,000

* 廠房分五十年折舊。

在 70 年 6 月 30 日終了之年度中，電廠計發生下述事項:

1. 售電 $ 10,700,000。
2. 購入燃料與營業用品 $ 2,950,000。
3. 什項系統改良工程 (由營業所入支應) $ 750,000。
4. 耗用燃料 $ 2,790,000。
5. 雜項產業增置與改良工程加入營運 $ 1,000,000。
6. 支付薪資 $ 4,280,000。
7. 出售 69 年 12 月 31 日起，期限 20 年，年利五厘，每半年付息一次之電廠所入債券 $ 5,000,000。
8. 從債券收入中，為第一號蒸汽機及控制室工程支出 $ 2,800,000。
9. 耗用營業材料用品 $ 150,000。
10. 用戶繳費 $ 10,500,000。

11. 從債券收入中, 爲第二號蒸汽機工程支出 $ 2,200,000。

12. 市庫發出支票, 清付應付帳款 $ 3,045,000。

13. 蒸汽機於 70 年 6 月 30 日加入營運。

試根據上述資料編製工作底表, 表明:

1. 69 年 6 月 30 日平衡表之金額。

2. 本年事項 (註: 不需事項之明細分錄)。

3. 70 年 6 月 30 日平衡表之金額。

4. 本年的資金來源與運用。

23. 戊市 63 年發生下列事項:

1. 議會通過發行債券, 以其資金供市政府新廈之建設, 全部工程預計成本爲 $ 500,000。此項債券, 將由償債基金十年支付, 於每年三月一日到期付款。債券基金如有餘額, 乃直接移轉於償債基金。

2. 收到普通基金墊款 $ 40,000, 用於簽訂承購土地契約 $ 60,000 之保證金, 保證金已入帳。

3. 價值 $ 450,000 之債券照 102 現銷。因士地成本較預計爲低, 經決定祇銷售一部分債券。

4. 市政府新廈工程決標, 由最低標美琪公司承包, 約定包價 $ 390,000。

5. 歸還普通基金墊款, 並付清承購土地契約餘額。

6. 根據建築師證明, 支付截至某日止完工之工款 $ 320,000, 支票已發出。

7. 支票已由市庫付現 $ 310,000。

8. 前與美琪公司所訂合約, 因工程變更設計, 修改爲 $ 440,000。剩下的債券照 101 銷售。

9. 新廈已於年度終了前完成, 發出支票 $ 115,000, 以清付承包商的最後工程款。所有支票已由市庫付訖。

　　要求: a. 就上述事項與結帳分錄, 記入債券基金事項工作底表, 用上述資料之號碼於工作底表中註解各該分錄。

　　　　　b. 祇就債券基金收支事項, 編製 63 年 12 月 31 日之基金平衡表。

24. 戊鎮在 63 年 10 月 1 月前, 尙無公立圖書館之設置。鐘君遺贈其住宅一幢與有價證券若干給該鎮鎮公所。作爲設立與經營一免費閱覽之公共圖書館之用。鎮公所已接受該項遺贈。圖書館基金及其經營, 設置董事會負責管理。遺贈條件規定, 基金本金用於開館所需裝修館舍與購置設備圖書等費, 不得逾 $ 5,000, 此外應予投資, 投資收益應依董事會核定經費數額, 用於經常開支。董事會接收的財產如下:

	估定價值
鐘君住宅	
土　地	$ 2,500
房屋 (預計壽年 25 年)	20,000

債　券	票　　面	估定價值
甲公司	$ 34,000	32,000
乙公司	10,000	11,000
丙公司	20,000	20,000
股　票		
子公司，六厘優先股	12,000	12,000
丑公司，五厘優先股	10,000	9,600
寅公司，普通股（300股）	無面值	12,900
卯公司，（200股）	4,000	14,500

關於該圖書館經營至 64 年 6 月 30 日止，發生事項如下：

1. 11 月 17 日出售卯公司股票 100 股計 $ 6,875
2. 現付 (a) 房屋裝修 $ 1,310，(b) 普通參考書 $725，(c) 設備（預計使用壽年十年）$ 2,180。以上三項，依遺贈條件在本金項下開支。
3. 圖書館於 64 年 1 月 1 日開館。董事會通過 64 年 12 月 31 日終了之年度預算如下：

預計投資收益	$ 5,000
預計罰款等收益	200
薪資經費	3,6000
什誌報章訂閱經費	300
贈書經費	800
水電，用品等經費	400

4. 自 64 年 1 月至 6 月 30 日止共計六個月中所報現金收入如下：

出售乙公司債券包括應計利息	$ 80	$ 11,550
利息與股利		3,100
罰款		20
購書贈款		200
		$ 14,870

5. 同期現金付出如下：

購入辰公司無面值普通股 100 股,		
包括佣金與賦稅	$ 42.50	$ 9,655
支付薪資		1,500
支付分配於 63 年 12 月 31 日終了之年		
度房屋稅（63 年 6 月 30 日征課）		200
購書		900
雜誌訂費		230
用品與其他費用		260
		$ 12,745

6. 在 64 年 6 月 30 日，尚有未付之應計什項費用 $ 90，又購書定單 $ 70。

假定鎮公所記載預算帳目，試編製表達該圖書館 64 年 6 月 30 日經營成績與財務地位所需之一切報表。 如有項目可能變通處理時， 請說明變通處理方式及所抉擇方式的正當理由。

25. 已鎮鎮公所使用預算帳戶，並按下列基金設帳：

編號	基 金
A	債券基金
B	普通債券債務
C	普通基金
D	財產帳目
E	償債基金
F	特賦基金
G	特別所入基金
H	信託與代理基金
S	公用事業基金
T	運用資本基金

普通基金帳目表如下：

編號	帳 目
1	核定經費
2	現金
3	其他基金欠付
4	欠付其他基金
5	保留數
6	支出
7	保留數準備
8	所入
9	所入（預計）
10	剩餘收入
11	剩餘（未支配）
12	應收 64 年賦稅
13	應付憑單

64 年間發生事項如下：

1. 核定 64 年歲入預算，計普通基金所入 $ 520,000，教育基金所入 $ 205,000。

2. 64 年普通基金預算核定經費 $ 516,000。

3. 由普通基金墊撥 $ 10,000，供印刷服務中心作業基金之用，此項服務以市政府各單位為對象（未列預算並不預期收回）。

4. 普通基金征課賦稅 $ 490,000。

5. 支付包商承建辦公房屋款 $ 200,000，係由 63 年普通債券發行收入項下支付。

6. 前已核准發行之普通債券，照票面現銷 $ 60,000。

7. 簽發定單，訂購衛生所用品，估計 $ 7,500。

8. 核定支付鎮公所員工薪資憑單 $ 11,200（薪資無保留數記錄）。

9. 第 7 項訂購之用品業已收到，發票價格 $ 7,480，憑單亦已核准。

10. 購置救火車 $ 12,500，憑單經已核准。

11. 由普通基金撥付償還普通負擔債券之基金 $ 5,000。

12. 第 4 項征課之賦稅，已收起 $ 210,000。

13. 收起原已於 61 年作爲壞稅註銷之賦稅 $ 1,240（此項收款未列預算）。

14. 第 3 項墊款中，因超過需要，收回 $ 1,000。

15. 向物材基金請領一般行政用品 $ 1,220，已入用品費用帳戶。

16. 由普通基金墊撥 $ 30,000 充另一基金之臨時運用資本，該項基金將用於新下水道之建設。最後則向受益財產攤派特賦歸還。

17. 現售公路部門設備 $ 7,000（未列預算，亦未積聚折舊）。

18. 鎮公所收到一筆現金遺贈 $ 75,000，設置獎學基金。

19. 前已核准入帳之應付憑單，計警察部門薪資 $ 6,200，與撥付警察邮養基金 $ 500，均已付訖。

20. 執照與規費收入 $ 16,000。

使用答題紙與上示的適當編號，標明每一事項應記普通基金借方與貸方之帳目。如果事項尚需在其他基金分錄者，並在「其他有關基金」欄內，標明有關基金的編號。倘若事項無需入帳者，可從闕。

下列事項，是記入答題紙之舉列:

收起屬於縣政府之賦稅 $ 17,400

答　題　紙

普　通　基　金

事項編號	借　方	貸　方	其他有關基金
例	2	4	H
1			
2			
3			
4			
5			

6

7

8

9

10

11

12

13

14

15

16

17

18

19

20

第四章　其他非營利組織會計

大專院校、醫院、衛生福利機關、教堂、與公立學校制度，均屬非營利組織，而與公共信託 Public Trust 性質相似。此等組織之經營管理，係基於對其贊助人的財產信託關係，其經營特徵，極似政府施政；因之，許多的會計程序，亦復類同。

本章論述實行於大專院校與醫院的會計程序，並略述衛生福利機關與教堂的會計特徵。在此等組織與政府會計間之差異，特予指出與解釋。

大　專　院　校

我國大專院校，尚無公認的會計原則，茲參考美國教育委員會 American Council on Education 發行的大專院校事務行政 College and University Business Administration 第一編「大專院校會計原則」，作爲討論之基礎。

政府會計與大專院校會計原則之比較

大專院校會計原則，在許多方面，與政府會計原則，極爲相似。兩者均有採行基金會計的需要，兩者均不將折舊入帳，除非可以積聚資金，或原屬自給自足之業務。但兩者亦有若干不同之點，本節當就兩者會計程序之同異，加以分析與研究。

法律規定　大專院校的會計原則，與政府會計原則比較，其顯著不同之點，在於前者不涉及「表達符合法律規定」構成制度之要求。大專院校會計原則，祇注重劃分資源成爲適當的基金個體，確保「遵守置於各種基金使用之限制」。此種差別，乃基於大專院校經營環境，與

政府不同。蓋公立教育事業，固應受法律規定的限制，但私立院校，主要的係由其贊助人所加之限制。在任何場合，受託者必須盡其應盡之責任；因此，在會計原則上的差別，似乎較為顯著，但在會計實務上的影響，却不太大。

預算實務　政府會計原則，要求會計制度提供所入與支出兩者之預算控制。雖然大專院校會計原則，並不要求預算控制，但一個更恰當完備的經營預算制度，幾為此等事業所一體採行。

　　大專院校的預算中，大部分的項目，雖受核定經費的控制，但亦有許多項目，宜採公式控制 Formula Controlled，容許預算調整至所需達到經營的水準。此種作業方式，與營利事業相似。尤其在私立院校，主要所入的征收，與其根據預先決定的服務計劃，毋寧根據實際提供的服務數量。例如，倘若註冊人數大增，為期事業得以適應擴張計劃的要求，則增加一筆適當的計劃支出，應即加入預算。

　　在此等環境之中，預算的彈性，較之在政府方面，尤有需要。故預算資料很少正式入帳。倘若預算資料正式記入會計記錄，通常是在支出帳目中記作貸項。預算所入則很少入帳。

會計基礎　政府會計原則。要求採用應計制，所謂應計制者，一般的解釋，謂所入的認定，係於其征獲之時，而支出的認定，係於其發生之時，此項定義，與營利事業應計制之解釋頗有不同，營利事業擴及資本項目與所入項目之劃分，並為折舊之計算。

　　大專院校會計，通常採用修正應計制 Modified Accrual Basis，支出的認定，係在其應付 Due 或收到帳單之時。採用此一解釋之結果，對應計利息收益或預付費用，概不入帳。

折舊會計　在政府會計中，祇有自給自足基金資產，計算折舊。普通固定資產折舊應不記入普通會計記錄。此類資產之折舊開支得供計算單位成本之用，但僅以備忘方式記載，而不顯示於基金帳目。

　　大專院校的留本資產 Endounment　Assets 與普通固定資產，如因指定流動資源，重置資產而積聚資金，則應計算折舊。事實上，在此種情況下，折舊之記載，當以所代表的現金或其他流動資產專備折舊資產之重置者爲限。大專院校如爲計算單位成本而需包括折舊成本時，則折舊自宜列入明細報表之中。

　　一般而論，政府與大專院校，在折舊會計上，甚少差別。

輔助事業　大專院校的輔助業務 Auxiliary Activities，例如校際體育競技，宿舍，與自助飱室等，通常均希望自給自足或產生淨收益。雖然可依政府自給自足基金一樣的方式，保持會計記錄，但此等業務會計，有二項重大的差別。

　　第一項差別，是使用於輔助業務的設備，並不記載折舊。故表達業務經營的報表是收益支出表，而非損益表 Income　Statement。

　　第二項差別，是通常未爲各項輔助業務分別編製平衡表。輔助業務所用的應折舊資產 Depreciable Assets 係作爲產業基金 Plant-fund 會計個體的一部分顯示。與此等業務有關的流動資產與負債，係包含在流動基金 Current　Funds 平衡表內。

　　由知以上兩項特徵，致使輔助業務會計之處理，係作爲各別的部門，而不作爲單獨的基金個體。因此，一輔助業務所入與支出，或其餘額，係列入流動基金的所入支出表。上述程序容後在本章財務報表舉例一節中具體列示。

基金個體之比較

　　政府與大專院校之報表，均按基金分類。但大專院校報表中所謂個體，係指基金組合而非基金。每一組合得有二以上的區分，而每一區分Subdivision 大體等於一個基金。

　　大專院校報表之基金組合如下，並於本節中，討論每一基金組合：

1. 流動基金 Current Funds
2. 貸款基金 Loan Funds
3. 留本與其他存儲基金 Endounment and Other Nonexpend-able Funds
4. 年金基金 Annuity Funds
5. 產業基金 Plant Funds
6. 代理基金 Agency Funds

流動基金 流動基金包括可用於一般設施，輔助業業，與限定經常用途之資源。此等基金得區分爲普通流動基金與限定流動基金 Current Restriced Funds 兩種。前者與政府單位之普通基金類似，後者則與政府單位之特別所入基金相同。

由於限定流動基金的資源，並未規定，必須採行各別的基金記帳，故有時卽在流動基金中設置各別的餘額帳戶，或各別的資產與餘額帳戶。此與第三章中特賦基金一節所述特定基金個體會計程序，大體相似。

一般而論，流動基金會計程序，與政府個體之普通基金與特別所入基金尙無不同，蓋基金組合係按普通流動基金與限定流動基金區分。倘若所有此等資源記在一基金個體，則其實務，類似特賦基金，應將限定流動基金與一般設施用的基金作適切的區分。顯然的，帳戶名稱亦須作適當的變動。其中的若干帳戶將於平衡表（圖4-1)與收益支出表（圖4-2）中例示之。

貸款基金 貸款基金係用於記載貸予學生與教職員之資源者。此項基金之資產，包括現金，投資，與因貸款而發生的應收帳款。雖政府基金中尙無與此確切相同之基金名稱，但貸款基金之爲循環運用，實具有自給自足基金之特徵。其會計程序頗與政府的自給自足基金會計相似；但大專院校通常對於貸款基金資源，並不採行完全的應計制會計。

貸款基金資產例示於綜合平衡表（圖4-1）。

留本基金　大專院校，通常持有留本與其他存儲基金的記錄。所謂留本與其他存儲基金組合，祇包括編報日期之存儲基金。此等基金包括一般依捐贈人或管理人設定之條件，信託持有的**資產**。其主要目標，在於將基金投資生利，俾供一般或特定用途之需。留本基金與第三章中所述之代理基金，頗多相似。

　　留本基金投資所獲資源，通常係流入普通流動基金或限定流動基金中支用。顧名思義，普通留本基金所獲收益，得用於一般設施，故基金投資所實現的資源，乃流轉於普通流動基金。在另一方面，獎學留本基金獲得的所入，係流入限定流動基金，或流入流動基金而其部分資源限定用於獎學金者。管理人員在普通留本基金限制範圍內，通常有權決定保留收益於基金之中，以增加留本基金餘額。留本基金會計程序，雖與第三章所述代理基金相似，但留本基金會計，並不採行完全的應計制。例如，留本投資利息通常均不作應計記錄。

　　從留本基金移轉於流動基金，應在每一基金作成適當的記錄，即借記留本基金餘額，貸記留本基金現金。在流動基金，則借記現金，貸記留本收益。

圖 4-1

模範學院

平　衡　表

會計年度終了**時**

流動基金

普通基金

資　產		負債與基金餘額		
現金	×××	應付帳款		×××
應收帳款	×××	其他		×××
其他	×××	剩餘		
		保留	×××	
		未支**配**	×××	×××

普通基金資產合計	×××	普通基金負債與剩餘餘額合計	×××
		限定基金	
現金	×××	應付帳款	×××
其他	×××	其他	×××
		基金餘額	×××
限定流動基金資產合計	×××	限定基金負債與剩餘餘額合計	×××
流動基金資產合計	×××	流動基金負債與剩餘餘額合計	×××
		貸款基金	
現金	×××	貸款基金餘額	×××
應收款項	×××		
其他	×××		
貸款基金資產合計	×××	貸款基金餘額合計	×××
		留本及其他存儲基金	
現金	×××	留本基金餘額	×××
投資	×××	其他存儲基金餘額	×××
其他	×××		
留本與其他存儲基金合計	×××	留本與其他存儲基金合計	×××
		產業基金	
		未支用產業基金	
現金	×××	應付款項	×××
投資	×××	未支用產業基金餘額	×××
未支用產業基金資產合計	×××	未支用產業基金負債與餘額合計	×××
		償還債務基金	
現金	×××	償還債務基金餘額	×××
投資	×××		
償還債務基金資產合計	×××	償還債務基金餘額合計	×××
		產業投資	
土地	×××	應付債券	×××
建築物	×××	產業投資淨額	×××
產業投資合計	×××	產業投資合計	×××
產業基金資產合計	×××	產業基金負債與餘額合計	×××
總計	×××	總計	×××

年金基金　年金基金包括依「年金或生活信託合同」持有之現金與投資。此類基金通常對捐贈人或其指定人，在其生存或一定期間內，按

期支付一定之金額。在此期間終了時，基金的資源，即成為學校的財產，因而可充一般用途，或留本基金外之其他特定用途。

年金基金與留本基金頗多相似，如年金基金數額不多，通常可歸屬於留本基金類。年金基金會計實務亦與政府單位代理基金會計相若。在其資源會計中，本金餘額與收益餘額，應各別顯示。

產業基金　大專院校的產業基金，約相當於政府普通固定資產與長期債務帳類之綜合。但與此等帳類亦有不同之點，蓋為取得產業所指定的資源，亦包含在產業基金個體的一部分。在產業基金中記載的事項，包括備忘帳類分錄與基金分錄之混合。而且，一個大專院校可能有許多單獨的產業基金。

產業基金組合平衡表（圖4-1）亦得區分為未支用產業基金，償還債務基金，產業投資基金等。通常亦包含相對的貸方請求權帳戶，並按三類各別表達餘額。圖 4-1 所示的平衡表，即係此種方式之排列。

代理基金　代理基金係學校保管而不屬於學校的基金。此一定義之含意，乃指學校決無擁有此類基金資產之要求。例如，代理基金可能是政府提供學生貸款之基金。在此場合，學校純係替政府管理此項基金之代理人而已。

收入與支出會計

大專院校實現的現金或其他財產收入，約可分為兩大類，即:

1. 可用於業務之收入
2. 非業務收入

大專院校充直接業務支出所實現的現金與其他資源，得區分為供一般用途之資源與供限定用途之資源兩種。當收到資源時，借記資產帳戶，貸記相當的收益帳戶。而從資源中為支出時，則借記相當的支出帳戶，貸記資產或負債帳戶。在會計期間終了時，收益與支出帳戶

對轉冲銷，而其差額則結轉於剩餘帳戶。

　　普通與限定流動基金的收益帳戶，通常係按來源分類。支出則按職能分類。此等分類技術，參見圖 4-2。

圖 4-2

模範學院

收 益 支 出 表

某會計期間

	流 動 基 金		
	普 通	限 定	合 計
經常收益			
教育			
學生納費	\$ ×××	\$ ×××	\$ ×××
留本收益	×××	×××	×××
其他	×××	×××	×××
教育收益合計	\$ ×××	\$ ×××	\$ ×××
輔助業務			
宿舍	\$ ×××		\$ ×××
校際體育競技	500,000		500,000
其他	×××	×××	×××
輔助業務收益合計	\$ ×××	\$ ×××	\$ ×××
收益合計	\$ ×××	\$ ×××	\$ ×××
支出			
教育			
行政	\$ ×××	\$ ×××	\$ ×××
教學成本	×××	×××	×××
其他	×××	×××	×××
教育支出合計	\$ ×××	\$ ×××	\$ ×××
輔助業務			
宿舍	\$ ×××		\$ ×××
校際體育競技	450,000		450,000
其他	×××	×××	×××
輔助業務支出合計	\$ ×××	\$ ×××	\$ ×××
支出合計	\$ ×××	\$ ×××	\$ ×××
收益超過支出數	\$ ×××	\$ ×××	\$ ×××

　　大專院校特別指定增加基金本金或餘額，或祇用於增置實物產業等之現金或其他財產收入，應與備用的經常收益分開記帳。在此等場合，基金的指定，可能是外界或內部所加之約束。無論是捐贈人或董事會均可要求不作為流動基金收益來源之收入，而直接流入產業基金，留本基金，或其他任何指定的資本基金。此項程序，多少堪與政府出售債券發行收入指充特定改良建設者相比擬。收入事項之記帳，必先辨別是否屬於各該基金指定範圍內的資源，庶不致誤。

　　收益與支出帳戶,通常祇用於記載流動基金資源之實現與處分。例如，用於取得固定資產之資源收入，則係借記資產與貸記基金餘額帳戶。

輔助業務會計

　　大專院校有若干的業務，與其基本的教育職能，並無直接關聯。宿舍、校際體育競技，與書店等，即為輔助業務的實例。

圖 4-3

模範學院

校際體育競技收益支出表

某會計期間

收益		
足球	$ ×××	
籃球	×××	
其他	×××	
支出		
行政	×××	
宣傳	×××	
產業維持	×××	
足球	×××	
籃球	×××	
其他	×××	450,000
收益超過支出數		$ 50,000

　　爲期明瞭此等業務如何的維持其本身，或者究有多少貢献於學校
教育職能，通常應爲每一業務分別保持收益與支出帳戶。有關此等業
務的資產與長期負擔，得另行記載或包括在產業基金帳目之中。倘若
流動資產與負擔不列入各別的輔助基金平衡表，則應表現於流動基金
組合平衡表中。

　　圖4─3係校際體育競技收益與支出表的舉例。此表收益與支出
合計均轉記於全校的收益支出表。事實上，校際體育競技表，乃表達
關於該項輔助業務所入＄500,000與支出＄450,000明細情形之附表。

財務報表

　　大專院校應有的財務報表如下：

1. 會計記錄中所有每一基金組合之平衡表。通常係綜合而成一
   個平衡表，有如圖4─1所示之格式。
2. 每一基金組合之剩餘與基金餘額變動分析表。
3. 按收益來源別與支出職能別顯示的流動基金收益支出表，其
   格式有如圖4─2所示。
4. 各種附表，包括每一輔助業務的所入支出表。表現校際體育
   競技的簡明收益支出之附表，有如圖4─3所示。

　上述報表之編製，顯示大專院校的會計記錄，通常係依基金個體
保持，與第二章所述政府單位之方式相似，但應用於大專院校的會計
程序，與應用於政府單位的會計程序，亦有若干不同之點,分述如下：

1. 基金個體係以適應教育事業設施的特徵，爲不同的設計。
2. 會計記錄着重代表存儲資源的留本基金個體。
3. 產業基金係綜合指充取得產業之流動資源，與政府會計所用
   兩個帳類所包含的各要素。
4. 預算編製並不着重嚴格執行經費控制，預算資料亦少表達於

財務報告。

5. 輔助事業大體相當於政府單位的自給自足基金，通常係按部門記帳，而不設立基金個體。如此處理，雖有各別設定名義帳戶之必要，但無須爲有關業務的資源設置單獨自乎的會計個體。

6. 着重所入與支出之配合。

7. 基金個體概念，雖爲大專院校會計實務之基礎，但其實施非如政府單位之完備。

醫　院　會　計

醫院與大專院校，具有若干的共同特徵。此兩種事業之存在，旨在提供社會所需之服務，而其服務成本，大部分係由服務受益人或對其負有責任的人所支付。醫院與學校，部分係由贊助人出資，留本贈與，或賦稅等支持。兩者均需要鉅額的產業投資，而兩者在其財務報告中均有關係組合之類似綜合。

雖然有上述相同之點，但依美國醫院協會所訂的統一帳目與定義，其建議的會計原則，與大專院校所建議者頗多不同。在若干方面，醫院會計實務，較之大專院校，更接近企業實務。

本節係就醫院會計程序，與使用於政府單位及大專院校的會計程序，加以比較析述。

會計基礎

醫院會計程序與大專院校會計程序，其最大不同之點，可能是在醫院之採用完全的應計制，其中包括資本與所入項目的劃分，及折舊列爲費用之認定。醫院之採行應計制，旨在提供更圓滿的報告。

此項應計制會計之採用，非如政府與大專院校之重視經費控制，而係着重成本資料之控制。醫院之廣泛使用預算，其運用的方式，多

少應具有與營利個體預算相同的適應性。

因此，醫院的會計基礎，主要的係與應用於企業者相同。但由於醫院係採行基金制度，其記載折舊與取得固定資產之會計分錄，與企業會計所應用者仍多差別。此項差別容後說明。

採用基金會計技術

正如前此所述政府與大專院校一樣，醫院方面亦宜採用基金會計技術。其主要基金或帳類如下：

1. 普通基金
2. 臨時基金
3. 留本基金
4. 產業基金

普通基金　醫院的普通基金,其用途與大專院校的普通流動基金相似。此項基金個體，包括資產，負債，基金餘額，收益，與費用等帳目。收益帳目按來源分類，費用則按職能分類。下面是費用的六大職能或部門分類：

1. 行政與總務
2. 飲食部
3. 房屋與財產
4. 病人醫護
5. 門診與急診
6. 其他費用

近年來醫院已逐漸重視研究 Research， 作爲經營的一項要素，故得將研究增設一類，列爲第七類。

資本支出與所入支出之劃分，以及在基金會計制度內記載折舊，其所需簿記技術，與應用於企業與政府單位者，多少有些不同。當從

普通基金資源中購置固定資產時必須貸記普通基金之資產或負債，並應借記固定資產帳戶。固定資產餘額是記在產業基金記錄中，故由普通基金資源的支出，而取得固定資產，通常應在有關基金個體記錄中，作成如下之分錄：

普通基金

借：各類基金餘額帳戶

貸：現金

產業基金

借：固定資產帳戶

貸：基金餘額—固定資產投資

記載折舊之分錄如下：

普通基金

借：折舊費用或相當的職能費用帳戶

貸：各類基金餘額帳戶

產業基金

借：基金餘額—固定資產投資

貸：備抵折舊

上述分錄中所使用的「各類基金餘額帳戶」之名稱，係用於在普通基金記錄中抵銷貸記現金與借記折舊費用者。普通基金折舊所使用的確切名稱，胥視管理方面的經營政策而定。倘若折舊係提存基金 Funded 者，則貸項可稱「可用折舊數 Amount to be Provided for Depreciation」。在另一方面，倘若折舊不提基金，則當借記折舊費用時，可貸記「產業使用 Use of Plant」或「產業基金可用數 Amount Provided by Plant Fund」帳戶。無論在任何場合，均屬表示貸方餘額之帳戶，而在普通基金平衡表中，作為基金餘額部分的一項因素表達。

當以普通基金現金購置固定資產時，或當現金移轉於產業基金容

後購置時，如果「可用折舊數」帳戶有足夠的貸方餘額可資吸收，則依現金支付或移轉的金額，借記「可用折舊數」。如果「可用折舊數」貸方餘額不足， 則現金溢付之數額， 可借記 「普通基金對產業出資 General Fund Contribution to Plant」。此一帳戶， 於提存基金超過折舊時，得予貸記，以抵銷折舊費用。

臨時基金 臨時基金 Temporary Funds 之資產,祇支用於特殊目的。此種基金，與大專院校的限定流動基金，或與政府的特別所入基金相似。在此種基金中，通常均有現金與投資等資產。臨時基金持有的投資，應與留本基金資產中的永久性投資分開。臨時基金的此項資產，係代表基金因特殊目的之暫時投資。在留本基金投資,則屬存儲資產。

臨時基金之支出，得區分為下列三類:

1. 可列為普通基金費用之支出。
2. 應予資本化列為產業基金資產之支出。
3. 可借記臨時基金餘額帳戶之支出。

前兩種支出所需之分錄，在每一基金應用的帳戶，與普通基金及產業基金記載折舊之分錄相似。下面是例示記載臨時基金支出可列為普通基金費用之分錄:

臨時基金

借: 基金餘額

貸: 現金

普通基金

借: 費用帳戶

貸: 臨時基金出資

當臨時基金以現金購置產業時，應作成如下之分錄:

臨時基金

借: 基金餘額

貸: 現金

產業基金

借: 資產

貸: 臨時基金出資

　　第三類支出，包括指定用途之費用，並不視為醫院正常經營之範圍。此類支出係直接借記臨時基金餘額帳戶。

留本基金　醫院的留本基金，幾與大專院校的留本基金完全一樣。此兩種機構的留本基金會計程序，甚至帳戶名稱，亦屬相同。

　　留本基金之運用，要在保持本金餘額，而此種基金之會計記錄，其結構在乎表現能否達成此一目標。各別的基金或各別的基金餘額帳戶，應表現使用基金投資收入之任何特定限制。次級分類亦得用於表達基金的來源。

　　從留本基金資產賺獲的現金，移轉於其他基金時，應在有關的基金帳目中，作適當的分錄。留本基金賺獲之未限定用途者，係移轉於普通基金，貸記留本收益帳戶。限定用途者，係移轉於臨時基金或其他指定的基金持有，迄至支用於特定目的為止。

產業基金　醫院產業基金採行的會計程序，與大專院校產業基金所採用者，頗多相似。但醫院產業基金會計，有別於大專院校者，主要的是: 醫院產業基金之固定資產，列有累計折舊，而在大專院校產業基金中，則特別避免應用此項實務。

　　關於記載折舊與記載從普通基金資源中購置產業，其應在普通基金與產業基金雙方之分錄，已於普通基金節內例示，不再贅述。由處分固定資產所生之損益，係列為普通基金餘額之調整項目，亦將影響普通基金與產業基金雙方。記載資產的出售及從而發生之損益，應以適當帳戶作成分錄，但與應用於折舊者不同。

財務報表

醫院財務報表之結構，與大專院校財務報表相似。綜合平衡表的應用，與按普通基金及其他三種基金組合區分，均爲美國醫院協會的主要建議。按收益來源別與費用職能別編製的經營成績表 Operating Statement，應與平衡表一起提出。此等報表應附以適當的明細表與基金餘額變動分析表。

其他非營利組織會計

尙有許多的組織，諸如公立學校制度，教堂，衛生福利機關，均屬非營利組織的範圍。此等組織的經營特徵，與前此所論之組織頗多相似。教堂迄尙未有權威性會計原則的確定。而公立學校制度，大體均採行政府會計原則，故其會計程序，亦與政府會計程序相同。

衛生福利機關

衛生福利機關，過去對於會計與報告實務之統一，以視其他任何的非營利組織，殊少發展。衛生福利機關通常均採行基金會計實務。但若干機關之經營，除普通基金或流動基金，別無設置其他基金個體之需要。在此等場合，基金會計技術，與行之於企業者相似。但報告實務，由於此類機關着重貨幣的財務責任，通常殊與商業會計報告不同。衛生福利機關的報告技術，以採用現金制或修正現金制最爲普遍。因此財務報告祇表現流動資產有關的資源流徑與財務地位。較之企業個體一般的報告，稍欠完備。

一九六四年美國全國衛生委員會 National Health Council 與全國社會福利會 National Social Welfare Assembly 曾經會同研訂 "私立衛生福利組織會計與財務報告標準 Standards of Accounting and Financial Reporting for Voluntary Health and Welfare Organization"，乃最具權威的文件，此一文件，詳細說明會計程序，訂定財務

報表的內容與格式，以期提供更多的情報，與統一財務報告的編製。

此項規定，在使財務報告要能反映組織對捐資人，公衆，與其他有關團體的財務責任。在此概念之下，編造報告的組織，必須承認對其贊助人負有有效經營與取用金錢的責任。

根據上述的財務責任概念，特建議重要規則如下：

1. 必須採用應計制會計。
2. 應收押款 Pledge Receivable，因可能發生壞帳損失所作適當的調整，應在平衡表中予以反映。其所入並應列入質押發生之年度。
3. 管理方面負責的一切重要資產（包括固定資產）均應列入平衡表報告。
4. 折舊應不正式的記作支出，除非提存基金。倘將未提基金的折舊列入平衡表作為評價帳戶，則其抵銷的借項應為投資帳戶。
5. 單純捐助「人員勞務」的價值，應不列入財務報表。
6. 必須採行基金會計實務。
9. 所入支出表之結構，應按所入來源別與支出職能別表達。
8. 維持組織所發生的支出，應與實行組織計劃所發生的支出，確切的公開。

上述規則，如何在組織與會計資料的表達上，一一求其實現，自應特別注意。

衛生福利機關，在財務報告編製方面，最重要者，厥為維持成本與完成服務成本之劃分。維持成本係保持組織作業的成本，例如，基金籌募成本與行政費用等，對於組設的個體從事服務的提供，並無直接關聯。此種成本可視為維持各該個體的間接費成本。在另一方面，完成服務成本乃設立各該組織規定應提供服務之費用。

雖然上述名詞，已經解釋相當清楚，但通常在實務上，區分各類成本，仍有若干困難。例如，防癌協會的預期服務，係教育公衆發現癌症的徵候。其印製與發布文獻的成本，不特包含此種的資料，抑且包括請求公衆捐款的文件，既不能作確切的劃分，自難免不流於武斷。可是，聰敏的潛在捐資人所關心者，往往是要明瞭其每一元捐款中，究有若干分，用於提供計劃的服務。

衛生福利機關財務報告的編製，得根據職能作費用或支出的分配。此項分配足使報表的閱讀者能夠明瞭其捐款提供何種服務。可以編製所入支出表的實況分析，以表明每一元捐款，究有多少分，用於組織的每一職能。

衛生福利機關的所入支出表，有如圖 4-4 所示:

圖 4-4

模範機關

所 入 支 出 表

某會計期間

所入		
留本收益		$ ×××
捐款		×××
服務收費		×××
其他來源		×××
所入合計		$ ×××
維持支出		
基金籌募成本	$ ×××	
已分配行政成本	×××	×××
可用於計劃服務之所入		$ ×××
服務支出		
職能甲	$ ×××	
職能乙	×××	
其他	×××	
未支用或超支數	×××	$ ×××

教　堂

　　教堂的經營，幾乎均受嚴格的經費控制。通常並採行基金會計實務。由本堂牧師或教堂主管訂定服務的特定計劃，據以規劃普通基金或流動基金支出，其進行方式與政府相似。服務計劃或預算提出於會眾，以決定接受，修正，或反對。一俟會眾通過，預算卽成為該教堂某會計期間的經營計劃。然後籌集捐獻以實現計劃，並控制支出於預算規定限度內。

　　由於教堂最着重經費控制與貨幣責任，故通常報告之編製，係採用現金制或修正現金制。所入與支出兩者，均應符合預算計劃。雖然預算資料可如政府個體一樣的記入帳目，但更普遍的實務，祇是就實際的與預算的金額列入所入支出表。圖4-5為例示教堂所入支出表之格式與帳目名稱。

圖 4-5

模範教堂

所　入　支　出　表

會計年度之最後月份

實　際　數		預　算　數		
本　月	本年累計	本　月	本年累計	累計比較增（減）

所入
　星期學校收費
　捐款
　儀式服務收費
　什項
　所入合計
支出
　善舉
　基督教育
　　文獻印製
　　教會學校用品

　　會議與野營基金
　　外來講員與領袖接待
　　社交集會與娛樂
　　什項
　　小計
音樂
員工薪資
　　牧師
　　教育牧師
　　秘書
　　傳達與女僕
　　小計
經常費
　　印刷與辦公用品
　　保管人用品與勞務
　　什項
　　小計
建築物
　　保險 (不動產與自動設備)
　　水電煤氣設備
　　什項
　　小計
　債務償還
支出合計
所入超過支出數

結　　論

　　本章所述之非營利組織，一般均採行基金會計實務，以保持與表達貨幣責任。大專院校，公立學校制度，與教堂之會計程序，大體與政府所採行者類似。醫院採行基本的基金會計技術，但亦着重經營責任，故有資本項目與所入項目之劃分，並承認折舊。

　　此等組織，雖甚重視預算控制，但預算資料通常並不正式入帳。大專院校與醫院，其預算的大部分，係以公式控制，以視政府之完全

以經費控制者不同。因之，此類組織之財務報告，特別注意所入與支出之配合。

　　衞生福利機關之財務報告，則着重維持支出與完成服務支出之劃分。

問 題 與 習 題

1. 試略述政府施政與大專院校設施的重要差別。

2. 試就大專院校流動基金組合，與政府單位普通基金，比較其會計特徵。

3. 說明基金與基金組合之不同意義。

4. 列述留本基金會計之特點。

5. 大專院校之輔助業務究與政府何種業務最爲相近？ 其 採行之會計與報告實務同異何在？

6. 比較大專院校與政府單位所編之財務報表。

7. 比較大專院校所使用之產業基金組合與政府單位所使用之備忘帳類。

8. 或謂醫院對於基金會計技術，以視政府單位或大專院校較不注重， 其說然否？試申論之。

9. 試就醫院與大專院校之會計基礎作一對照，再與政府單位作一對照。

10. 醫院資本項目與所入項目之劃分，及基金個體之應用， 造成某種會計問題。此種問題爲何？如何解決？

11. 醫院的基金與基金組合，與政府及大專院校者互有同異，試比較之。

12. 醫院使用的臨時基金內容若何？並申論其與大專院校經營的可能關係。

13. 教堂的財務經營與大專院校的財務經營，其同異何在？ 教堂會計特別着重經費控制，爲主要的差別，其說然否？試申論之。

14. 在第二，第三，與第四各章中所述各種組織，其共同的經營目標爲何？

15. 甲大學收到某校友的留本捐款＄25,000， 約定基金的投資收益，用於會計系成績優異學生之獎學金。第一年基金投入證券，賺獲收益＄1,250。 並授予獎學金＄1,000，試分錄關於留本基金的一切事項。

16. 乙大學收到某校友捐款＄500,000，作爲新建商學院的建築費。 在捐款的年度， 建築物亦已完工，造價＄600,000。超過之數， 由學校流動基金普通資源中支應。 試就上述事項，作成有關基金的分錄。

17. 丙大學在註册時期，從獎學金收到現金＄800,000，票據＄200,000， 抵付學生學費。試就相當基金中記載上述事實。

18. 丙大學第一月終了時（見練習17）支付教職員薪給＄80,000， 應如何記載此一事實 i

19. 丁醫院發起勸募建築基金運動。所有收到的款項，將用於增建現有建築物之兩翼，在勸募期間，共收 $250,000。建築工程當年完成，造價 $275,000。不敷之數，由普通基金資源支應。試就相當基金中記載一切事項。

20. 建築物之兩翼（見練習19）每年折舊 3%，醫院管理當局規定於記載折舊時，應將等於折舊的現金提存移轉於產業基金。試就相當基金中分錄上述一個年度的一切事項。

21. 戊醫院出售一批舊設備，得款 $ 4,000。根據會計記錄顯示，此項設備的原始成本為 $ 10,000，累計折舊為 $7,200 試就上述事項作成必需的分錄。

22. 下列為某醫院普通基金平衡表中所示的帳目餘額：

產業基金出資　　　　$ 8,000

分擔產業基金　　　　5,000

試列舉產業基金記錄中相關的帳目。

23. 某組織創立宗旨，係為精神病患提供診療服務，下列為其帳目所示之資料：

所入		$ 500,000
支出		
基金籌募	$ 80,000	
行政	120,000	
病患服務	200,000	$ 400,000

試論上述資料對潛在捐資人之含義。

24. 某教堂的本堂牧師，認為其教會預算應提高至 $ 200,000。教堂某執事同時經營一大企業，告以教堂應在開始宣布預算請求數額以前決定其需要。本堂牧師答謂，根據基督教的教義，資源的需要是無窮盡的，因此他建議教會應先考慮捐贈的可能性，然後就各種需要予以分派。試申論此兩種觀點之含意。

25. 下列係某專科學院63年之事項，試編製事項工作底表。帳目之設立，應按基金區分，以便基金平衡表之編製。不必編製正式的報表，但應編製總分類帳試算表。事項記入工作底表時，應標明事項的號碼。

一月一日

某專科學院原先未有留本基金。茲因勸募基金結果，共收到五筆捐款。勸募活動於上年十二月卅一日結束。而收到的一切捐款，於一月一日入帳。捐款與用途如下：

(1) 史君捐贈 $ 10,000，其本金應保持不動，投資收益，得由本校董事會決議用於任何目的。

(2) 鍾君捐贈 $ 20,000，其本金應保持不動，投資收益，限用於成績優異學生的獎學金。

(3) 葛君捐贈 $ 30,000，其本金應保持不動，祇可貸給學生收取利息，所有收益再予貸給，而學生貸款發生的一切損失，應從收益中開支。

(4) 韋君捐贈 $ 200,000，在其生存期間，每半年支付其生活費 $ 2,500，迨其死後，基金用於建築或購置宿舍，供男生居住。

(5) 白君捐贈甲公司股票 1,000 股，一月一日市價股 $ 150。股票持有不逾五年，收到

的一切收益保持不動。在此時期內，得由董事會決定於任何期日，將所有資產清理變現，而其收入用於學生醫院之建築。

(6) 董事會將史君與鍾君兩基金之資產合併成爲一「合併投資帳 Merged Investments Account」（在各該基金的本金帳目部分），並依票面購入價值 $ 25,000的電力公司債券。債券利率 4%，付息日爲一月一日與七月一日。

(7) 葛君基金以現金購入票面價值 $ 30,000，年息 5%之煤氣公司債券。付息日爲四月一日與十月一日。

(8) 韋君基金以現金購入票面價值$20,000，年息 2%之國庫券。付息日爲一月一日與七月一日。

七月一日

(9) 持有的債券，約定的一切利息均已收到，並收到甲公司股利 $ 4,000。

(10) 依韋君捐款條件，支付其生活費，核准從留本基金中借入一筆現金，以抵付所發生的透支。

(11) 電力公司債券面值 $ 20,000，照102售出，無佣金。

(12) 葛君學生貸款基金核定貸給鮑生 $ 300。

十月一日

(13) 接到韋君死亡通知，其遺產未有負債。

(14) 鍾君獎學基金中授與郭生之獎學金 $ 200。

(15) 韋君基金持有之國庫券（面值 $ 200,000）照 101 售出並應計利息，原向留本基金借入之款，現已付清。

(16) 債券到期利息，業已收到。

十二月卅一日

(17) 鮑生還來學生貸款本金 $ 100，另利息 $ 5。

(19) 董事會購置宿舍一幢，計價 $250,000，除使用韋君捐贈之可用基金外，餘額記入期限20年的應付押款。

26. 史氏醫藥基金會係於56年創立，以支應醫藥方面的研究爲宗旨。從基金創立時起，以迄63年十二月止，房屋設備係屬租賃，現因土地與建築物已能適應其經營，乃予購置。由於基金會欲使其產業經營成爲自給自足的個體，決定將產業作爲一單獨的基金記帳於是乃分設一普通基金與一產業基金。一切現金，俱爲普通基金持有。產業基金係於年度結束時，盡可能的以確定的適當金額，作成借貸分錄。產業財產自64年一月一日起開始計算折舊，每年折舊率5%，並設折舊基金。

十二月卅一日的資產，債務，與資本帳目如下：

史氏醫藥基金會

	十二月卅一日	
資　產	64	65
現金	$ 42,000	$ 36,000

投資	$ 217,000	$ 67,000
產業帳	96,000	75,000
未消逝保險費	1,000	
產業經營		1,000
合計	$ 356,000	$ 179,000

負　債

應付帳款	$　6,000	$　4,000
租金	3,000	
餘額	347,000	175,000
合計	$ 356,000	$ 179,000

產業帳分析如下：

日　期	項　目	借　方	貸　方
9/30/63	置產現金捐贈		$ 100,000
12/15/63	財產購置	$ 175,000	
1/31/64	房屋改良	24,000	
3/31/64	房屋改良	15,000	
12/31/64	產業經營		18,000

產業經營帳戶之貸方記錄如下：

12/31/63	煤，清潔用品等	$　1,000
2/28/64	煤，清潔用品等	4,000
6/30/64	場地的整平與播種	6,000
7/31/64	清潔用品等	1,200
12/31/64	煤，清潔用品等	4,000
12/31/64	已消逝保險費	1,800
12/31/64	產業帳	18,000

64年收到每月租金 $ 3,000。65年一月之租金於64年十二月卅一日收到。基金會擁有的土地，在購置日估價 $ 75,000。

試根據上項資料，(a) 作成設置產業基金之分錄，並記載該基金64年十二月卅一日之事項。(b) 編製分段式平衡表，以表達64年十二月三十一日各基金之狀況。

第五章　現行政府總會計制度

本書前此各章，已就政府與其他非營利組織會計之基本原理與方法程序，加以論列。從本章起將以連續的三章，敍述現行政府會計制度之作業要點。先是總會計，次為單位會計，殿以附屬單位會計。

本章在敍述總會計制度之前，並畧述政府會計制度之法律規定。

會計制度之法律規定

我國各級政府會計制度之設計及會計事務之處理，以會計法為主要的依據。會計法關於會計制度之規定，摘述要點並加說明如次。

會計事務之統一指揮監督

各下級政府之主計機關，無主計機關者，其最高主計人員，關於會計事務應受該管上級政府主計機關之直接監督與指揮。因此在政府財務管理制度上言，形成一超然的主計系統。而與政府機關主管徵課與支付行政之稱為行政系統，代理公庫銀行掌理現金票據證券出納保管移轉事務之稱為公庫系統，審計機關主管事前審計事後審計與稽察事項之稱為審計系統，相互制衡，分工合作，綜合四者而成為聯綜組織。

政府會計事項

各級政府及其所屬機關，對於下列事項，應依機關別與基金別為詳確之會計：

1. 預算之成立分配執行。
2. 歲入之征課或收入。
3. 債權債務之發生處理清償。

4. 現金票據證券之出納保管移轉。

5. 不動產物品及其他財產之增減保管移轉。

6. 政事費用事業成本及歲計餘絀之計算。

7. 營業成本與損益之計算及歲計盈虧之處理。

8. 其他應爲會計之事項

政府會計事務之種類

政府會計事務,依其性質,分下列五類:

1. 普通公務之會計事務,謂公務機關一般之會計事務。

2. 特種公務之會計事務,謂特種公務機關,除前款之會計事務外所辦之會計事務。

3. 公有事業之會計事務,謂公有事業機關之會計事務。

4. 公有營業之會計事務,謂公有營業機關之會計事務。

5. 非常事件之會計事務,謂有非常預算之事件及其他不隨會計年度開始與終了之重大事件,其主辦機關或臨時組織對於處理事件之會計事務。

政府會計組織

政府會計組織,分爲總會計,單位會計,分會計,附屬單位會計,附屬單位會計之分會計等五種。

中央,省,市,縣各政府之會計,各爲一總會計。在總預算有法定預算之機關單位之會計,或不依機關劃分而有法定預算之特種基金之會計,均爲單位會計。單位會計下之會計,除附屬單位會計外爲分會計。各級政府或其所屬機關附屬之營業機關,事業機關,或作業組織之會計,或各機關附屬之特種基金之會計,均爲附屬單位會計,至附屬單位會計下會計,則爲附屬單位會計之分會計。

政府會計制度的設計

政府會計制度的設計，應依會計法規定，並不得與預算法，決算法，審計法，統計法等抵觸。設計制度的要點如下：

1. **複式簿記**　政府會計均採用複式簿記，但分會計及附屬單位會計之分會計，其事務簡單者，不在此限。

2. **會計基礎**　政府會計基礎，除公庫出納會計外，應採用權責發生制。

3. **設計程序**　會計制度的設計，應先將所需的會計報告決定，然後再據以訂定應該設立的會計科目，會計簿籍，會計報表，以及應具備的會計憑證。

4. **制度內容**　會計制度的設計，應明定下列各事項：
   (1) 各會計制度實施之機關範圍。 (2) 會計報告之種類及其書表格式。 (3) 會計科目之分類及其編號。 (4) 會計簿籍之種類及其格式。 (5) 會計憑證之種類及其格式。 (6) 會計事務之處理程序。 (7) 其他應行規定之事項。

5. **一致規定**　性質相同或類似之機關或基金，其會計制度應為一致之規定。但單位會計及分會計之會計制度，不得與其總會計之會計制度抵觸。附屬單位會計及其分會計制度，不得與該管單位會計或分會計之會計制度抵觸。又各會計制度之實施機關範圍確定後，關係機關中有因特殊情形不能適用時，其主辦會計人員得擬訂變通辦法，呈請該級政府主計機關核定，但其變通辦法，仍不能與有關各法令與制度抵觸。

6. **設計人員或機關**　總會計的設計，由各該級政府之主計機關辦理。單位會計或附屬單位會計及其分會計的設計，由各該機關單位之主辦會計人員擬訂，呈由各該政府主計機關核定。

總 會 計 制 度

　　各級政府的總會計，係就各單位會計與各附屬單位會計的各種會計報告；爲綜合的報告。而現行總會計事務之處理，係分別採用統制記錄與彙編兩種辦法。其程序如下：

　　1. 對單位會計報告，先爲統制記錄，然後產生綜合報告。

　　2. 對附屬單位會計報告，直接彙編，不須經由統制記錄的程序。

　　然後再就單位會計的綜合報告，與附屬單位會計的綜合報告，編成全部基金的平衡表，藉以充分表示整個政府之財務狀況，完成總會計之目的。

統制紀錄

　　總會計對於單位會計報告，經由統制記錄以至產生綜合報告的程序．與一般簿記程序並無不同。卽根據原始憑證編製記帳憑證，一面根據記帳憑證記入序時帳簿，再過入總分類帳，產生會計報告總表。一面根據記帳憑證記入明細分類帳，產生會計報告明細表。

　　本節例示與說明總會計統制記錄部分代表性事項的會計實務。

統制記錄的代表性事項　　下面是模範市總會計假設的事項：

　　G- 1.　　市議會通過本年度歲入預算 $ 2,000,000，其中公債收入 $ 200,000。

　　G- 2.　　市議會同時通過本年度歲出預算 $ 2,000,000，其中包括預備金 $ 100,000。

　　G- 3.　　市政府核定動支預備金 $ 98,000 市議會已照數追認。

　　G- 4.　　市庫報告收到本年度歲入款 $ 2,120,000，其中公債實收 $ 200,000。

　　G- 5.　　市庫報告收到預算外收入款，包括剔除經費等在內

$ 60,000。

G- 6.　市庫報告收回以前年度所付之歲出款 $ 80,000。

G- 7.　市庫報告退還以前年度所收之歲入款 $ 75,000。

G- 8.　市庫報告借入短期借款 $ 400,000，上項借款另擬報告
　　　　已償還清結。

G- 9.　市庫報告由收入總存款撥發各機關經費款 $ 1,948,000。

G-10.　市庫報告由收入總存款直接支付歲出款 $ 50,000。

G-11.　市庫報告各機關經費剩餘繳回收入總存款 $ 32,000。

G-12.　各機關報告支付本年度歲出款 $ 1,916,000。

G-13.　年終根據各機關報告補充歲入應收款 $ 30,000。

G-14.　年終根據各機關報告補充當年未繳自行收納款 $ 15,000。

G-15.　年終根據各機關報告補充預 收 款 $ 14,000，　暫 收 款
　　　　$ 26,000。

G-16.　年終根據各機關報告補充歲出應付款 $ 10,000。

G-17.　年終根據各機關報告補充歲出保留數 $ 12,000。

G-18.　年終根據各機關報告補充暫付款 $ 2,000 押金 $ 3,000
　　　　代收款 $ 6,000。

記載假設事項的統制帳目分錄　下列分錄係記載假定事項的統制帳
目，每一分錄均標明事項的號碼。

事項 G-1

歲入預算數	$ 2,000,000	
歲計餘絀		$ 2,000,000
核准借款	200,000	
歲入預算數		200,000

　　此處之歲入預算數相當第二章之預計所入。而歲計餘絀則相當於
基金餘額帳戶。其從歲入預算數帳戶轉出，記入核准借款之 $ 200,000，
表示公債收入預算與一般歲入預算不同，故另行劃分，以示區別。又

追加同上例，追減則應爲相反的分錄。

事　項 G-2

歲計餘絀	$ 2,000,000	
歲出預算數		$ 1,900,000
預備金預算數		100,000

此處之歲出預算數相當第二章之核定經費。預備金預算數亦屬核定經費性質，其與歲出預算數並列者，旨在隨時可以明瞭預備金預算數之餘額。又追加同上例，追減則應爲相反的分錄。

事　項 G-3

預備金預算數	$ 98,000	
歲出預算數		$ 98,000

此一事項係記載預備金預算數之動支。依預算法規定，「預備金係由行政首長核准動支，事後仍應提出追加預算」。在預算程序上係於事後追加，在會計記錄上則可先行入帳，以及時顯示預算執行的眞相。

預算法對支用第二預備金，或請求提出追加歲出預算，定有下述之限制：

1. 本機關或所屬機關依法律增加職務或事業，致增加費用時。
2. 依法律增設新機關時。
3. 所辦事業因重大事故，費用超過法定預算時。

事　項 G-4

市庫結存	$ 2,120,000	
各項收入		$ 2,120,000
各項收入	200,000	
核准債款		200,000
債款彌補之虧絀	200,000	
應付債款		200,000

事項G—4的第一筆分錄，係根據市庫報告收到本年度各項收入$2,120,000，一面借記市庫結存，一面貸記各項收入。退還時應爲相

反的分錄。但其中有＄200,000 係屬公債收入或長期賒借收入,與一般收入不同, 故應加記第二筆與第三筆分錄。第二筆分錄是從各項收入冲轉到核准債款, 表示兩者的減少。第三筆分錄則表示長期賒絀與長期負債的增加。

事　項 G-5

市庫結存	＄60,000	
預算外收入		＄60,000

事項G－5 係根據市庫報告收到預算外收入款, 包括剔除經費等在內。退還時應爲相反的分錄。

事　項 G-6

市庫結存	＄80,000	
收回以前年度歲出		＄80,000

事項G－6 係根據市庫報告收到收回以前年度所付之歲出款。

事　項 G-7

退還以前年度歲入	＄75,000	
市庫結存		＄75,000

事項G－7 係根據市庫報告退還, 以前年度所收之歲入款。

事　項 G-8

市庫結存	＄400,000	
短期借款		＄400,000
短期借款	400,000	
市庫結存		400,000

事項 G－8 的第一筆分錄, 係根據市庫報告收到短期借款＄400,000, 第二筆分錄, 則係償還時的分錄。

事　項 G-9

各機關經費結存	＄1,948,000	
市庫結存		＄1,948,000

事項G－9, 係根據市庫報告由收入總存款撥發各機關經費款, 表示現金的移轉, 卽各機關經費結存之增加, 與市庫結存之減少。

事　項　G-10

各項支出	$ 50,000	
市庫結存		$ 50,000

事項G—10，係根據市庫報告由收入總存款直接支付歲出款的分錄。

事　項　G-11

市庫結存	$ 32,000	
各機關經費結存		$ 32,000

事項G—11，係根據市庫報告各機關經費剩餘繳回或歸入收入總存款，表示現金的移轉，卽市庫結存增加，與各機關經費結存之減少。此與事項G—9 適相反。

事　項　G-12

各項支出	$ 1,916,000	
各機關經費結存		$ 1,916,000

事項G—12，係根據各機關報告支付本年度歲出款的分錄。

事　項　G-13

歲入應收款	$ 30,000	
各項收入		$ 30,000

事項G—13，係年終根據各機關報告，包括特種公務機關之征課，普通公務機關之歲入等類年度報告補充歲入應收款之分錄。

事　項　G-14

各機關歲入結存	$ 15,000	
收入		$ 15,000

事項G—14，係年終根據各機關報告補充當年未繳自行收納款之分錄。

事項 G-15

各機關歲入結存	$ 40,000	
預收款		$ 14,000
暫收款		$ 26,000

事項 G—15,　係年終根據各機關報告補充預收款與暫收款之分錄。

事　項 G-16

| 各項支出 | $ 10,000 | |
| 歲出應付款 | | $ 10,000 |

事項G—16,　係年終根據各機關經費類報告補充歲出應付款之分錄。

事　項 G-17

| 歲出預算數 | $ 12,000 | |
| 歲出保留數準備 | | $ 12,000 |

事項 G—17,　係年終根據各機關經費類報告補充歲出保留之分錄。

事項 G-18

暫付經費款	$ 2,000	
押金	$ 3,000	
各機關經費結存	1,000	
代收款		$ 6,000

事項G—18,　係年終根據各機關經費類報告補充暫付經費款、押金,及代收款之分錄。

事項的過帳　上述分錄過入總會計統制記錄部分的情形,有如下列T帳戶所示。根據發生的事項,來解答每一筆帳目的過記。

模範市的 T 帳戶

(括弧中的號碼,代表本書所使用的事項編號)

歲入預算數		歲出預算數	
(G-1)$ 2,000,000	(G-1) $ 200,000	(G-17) $ 12,000	(G-2)$1,900,000
(C-5)　　165,000	(C-1)1,965,000	(C-1) 1,976,000	(G-3)　　98,000
		(C-6)　　10,000	

各項收入

(G-4) $	200,000	(G- 4) $	2,120,000
(C-1)	1,965,000	(G-13) $	30,000
		(G-14)	15,000

預備金預算數

(G-3) $	98,000	(G-2) $	100,000
(C-6)	2,000		

預算外收入

(C-2) $	60,000	(G-5) $	60,000

各項支出

(G-10) $	50,000	(C-4) $	1,976,000
(G-12)	1,916,000		
(G-16)	10,000		

收回以前年度歲出

(C-3) $	80,000	(G-6) $	80,000

退還以前年度歲入

(G-7) $	75,000	(C-3) $	75,000

歲計餘絀

(G-2) $	2,000,000	(G-1) $	2,000,000
		(C-2)	60,000
		(C-5)	165,000
		(C-6)	12,000

累計餘絀

		(C-3) $	5,000

市庫結存

(G- 4) $	2,120,000	(G- 7) $	75,000
(G- 5)	60,000	(G- 8)	400,000
(G- 6)	80,000	(G- 9)	1,948,000
(G- 8)	400,000	(G-10)	50,000
(G-11)	32,000		

各機關歲入結存

(G-14) $	15,000	
(G-15)	40,000	

各機關經費結存

(G- 9) $	1,948,000	(G-11) $	32,000
(G-18)	1,000	(G-12)	1,916,000

歲入應收款

(G-13) $	30,000	

歲出應付款

	(G-16) $	10,000

押　金	
(G-18) $ 　3,000	

短期借款	
(G-8) $ 　400,000	(G-8) $ 　400,000

暫付經費款	
(G-18) $ 　2,000	

預收款	
	(G-15) $ 　14,000

核准債款	
(G-1) $ 200,000	(G-4) $ 　200,000

暫收款	
	(G-15) $ 　26,000

債款彌補之虧絀	
(G-4) $ 200,000	

代　收　款	
	(G-18) $ 　6,000

應付債款	
	(G-4) $ 　200,000

歲出保留數準備	
	(G-17) $ 　12,000

結帳分錄　年終結帳分錄，見下列的分錄C，至過入Ｔ帳戶之情形，已見上示帳式。

C-1

各項收入	$ 1,965,000	
歲入預算數		$ 1,965,000

上項分錄係將本年度各項收入轉入歲入預算數科目。

C-2

預算外收入	$ 60,000	
歲計餘絀		$ 60,000

上項分錄係將預算外收入轉入歲計餘絀科目。

C-3

收回以前年度歲出	$ 80,000	
退還以前年度歲入		$ 75,000
累計餘絀		5,000

上項分錄係將收回以前年度歲出及退還以前年度歲入轉入累計餘

紕科目。

C-4

歲出預算數	$ 1,976,000	
各項支出		$ 1,976,000

上項分錄係將本年度各項支出轉入歲出預算數科目。

G-5

歲入預算數	$ 165,000	
歲計餘紕		$ 165,000

上項分錄係將歲入預算數餘額轉入歲計餘紕科目。

G-6

歲出預算數	$ 10,000	
預備金預算數	2,000	
歲計餘紕		$ 12,000

上項分錄係將歲出預算及預備金預算數餘額轉入歲計餘紕。

統制記錄部份的會計報表　現行總會計制度，統制記錄部分之會計報告，分年報與月報兩類。月報祇有總分類帳彙總表一種，為內部報告性質，其格式一如合計餘額試算表。年報的主要表計有資產負債平衡表，歲入歲出計算表，累計餘紕表，及現金收支表等種。各項科目並可增編明細表。上述為年報，除摘要公告外，並分送各有關機關備查。茲將主要年報的格式列示如下：

圖 5-1

模範市總會計

資產負債平衡表

中華民國　　年　　月　　日　　（某年度）

資　產		負債及剩餘	
市庫結存	$ 219,000	預收款	$ 14,000
各機關歲入結存	1,000	暫收款	26,000
各機關經費結存	55,000	代收款	6,000
歲入應收款	30,000	歲出應付款	10,000
押金	3,000	歲出保留數準備	12,000

暫付經費款	$ 2,000	應付債款	$ 200,000
債款彌補之虧絀	200,000	累計剩餘	5,000
		歲計剩餘	237,000
	$ 510,000		$ 510,000

圖 5-2

模範市總會計

歲入歲出計算表

中華民國　　年度

	本年度實際數		本年度預算數		比		較	
	總　額	%	總　額	%	增	%	減	%
歲入:								
各項收入*	2,165,000	97.3	2,000,000	100	165,000	8.25		
預算外收入	60,000	2.7			60,000			
合　計	2,225,000	100	2,000,000	100	225,000	11.25		
歲出:								
各項支出	1,976,000	99.4	2,000,000	100			24,000	1.20
保留數	12,000	0.6			12,000			
合　計	1,988,000	100	2,000,000	100			12,000	0.60
歲計剩餘	237,000							

* 包括核准債款

圖 5-3

模範市總會計

累計餘絀表

中華民國　　年度

上年度終了時剩餘	$ ×××	
上年度歲計剩餘結轉	×××	$ ×××
加: 本年度貸項		
1. 以前各年度收入	$ ×××	
2. 收回以前各年度歲出	×××	
3. 註銷以前年度歲出應付款	×××	

4. 註銷以前年度保留數準備　×××　　　×××

貸項合計　　　$×××

減: 本年度借項

1. 以前各年度支出　　$×××

2. 退還以前各年度歲入　×××

3. 註銷以前年度歲入應收款　×××

4. 以前年度債券折扣　　×××　　　×××

本年度終了時剩餘　　$×××

圖 5-4

模範市總會計

現金收支表

中華民國　　　年度

上期結存:			本期支出:		
市庫結存	$×××		各項支出	$×××	
各機關歲入結存	×××		以前各年度支出	×××	
各機關經費結存	×××	$×××	退還以前各年度歲入	×××	
本期收入:			押金	×××	
各項收入	$×××		暫付經費款	×××	$×××
預算外收入	×××				
以前各年度收入	×××		本期結存:		
收回以前各年度歲出	×××		市庫結存	$×××	
預收款	×××		各機關歲入結存	×××	
暫收款	×××		各機關經費結存	×××	×××
代收款	×××	×××			
合　計	$×××		合　計	$×××	

期初帳目之轉回　依現行總會計制度之規定，係將公庫報告與機關報告，同作統制記錄的主要依據，並對公庫報告加以充分之利用。凡事項之規定根據庫報入帳者，機關報告祇供必要之核對，不予記錄。其規定根據機關報告入帳，而結果機關報告未達者，仍改據庫報為必要之記錄。至事項為庫報所無者，再於年終根據機關報告作餘額之補充，使總會計年度報告內容，得臻相當之充實與完整。但此項餘額，於次年度開始時，仍予冲銷，俾平時手續得以簡化，茲參照事項 G-13, G-5

至 G-18，作成次年度期初沖銷分錄如下：

1. 沖銷上年度補充之歲入記錄：

累計餘絀	$ 30,000	
預收款	14,000	
暫收款	26,000	
歲入應收款		$ 30,000
各機關歲入結存		45,000

2. 沖銷上年度補充之歲出記錄：

歲出應付款	$ 10,000	
歲出保留數準備	12,000	
代收款	6,000	
累計餘絀		$ 22,000
暫付經費款		2,000
押金		3,000
各機關經費結存		1,000

彙編部分

前曾述及，現行總會計制度，係分別採用統制記錄與彙編兩種辦法。統制記錄部分已列述如上，茲再就彙編部分說明如次。

現行總會計制度對各特種基金綜合報告及財產，包括公務財產及特種財物等報告之產生，均採彙編辦法。最後再將彙編部分之各特種基金綜合資產負債平衡表及財產總目錄，與統制記錄部分普通基金資產負債平衡表加以合編，而成普通基金特種基金及財產聯合平衡表，藉以表示整個財務狀況，完成總會計之任務。

特種基金綜合報告 依照預算法規定之每一特種基金，根據各機關編送之彙總報告或附屬單位會計報告，分別彙編爲綜合報告，如營業基金之綜合資產負債平衡表，損益計算表，及其他特種基金之綜合資產負債平衡表，收支累計表等。並將其各別報告，作爲附表。各公有事

業機關或作業組織依營業會計處理者，亦視同營業機關，其報告亦編入營業基金綜合報告內。茲將資產負債綜計表，損益或收支綜計表，盈虧或餘絀撥補綜計表等格式例示如下：

圖 5-5

模範市總會計

營業或其他特種基金資產負債綜計表
營業或其他特種基金損益或收支綜計表
營業或其他特種基金盈虧撥補綜計表

中華民國　　年度

科　　目						合　計

　　各附屬單位會計綜合報告橫列所設備專欄，在營業基金，係按營業類別設置，如：工業，礦業，電氣業，金融業，交通業等是。在其他特種基金，係按各該基金運用目的分類設置，如：非營業循環基金可分為生產業務基金，材料基金，服務基金等；又如信託基金可分為獎學基金，福利基金，郵養基金，貸款基金等是。至於各表縱列的科目，應各依規定的統一會計科目填列。

財產報告　總會計彙編部分，除特種基金綜合報告外，應再就各機關公務財物中之財產目錄及特種財物管理機關之特種財物目錄，彙編財產總目錄，並將其各別目錄作為附表。茲將財產總表格式例示如下：

圖 5-6

模範市總會計

財產總表

中華民國　　年　　月　　日

機關名稱	土　地	房屋建築	機械設備	交通運輸設備	雜項設備	合　計

　　依會計法之規定，政府之財物及固定負債，除列入歲入之財物及彌補預算虧絀之固定負債外，應分別列表或編目錄，不得列入資力負擔平衡表，但營業基金，事業基金，及其他特種基金之財物及固定負債為其基金本身之一部分時，應列入其資力負擔平衡表及資產負債平衡表。所以總會計的財產總表，可於年終根據各單位會計的財產目錄彙編，而毋庸經由統制記錄的程序。

普通基金特種基金及財產聯合報告　　總會計的最終步驟，係就統制記錄部分所編之普通基金資產負債平衡表，與前兩節所編之各特種基金綜合平衡表及財產總表。合編為普通基金特種基金及財產聯合平衡表，其格式如下：

圖 5-7

模範市總會計

普通基金特種基金及財產聯合平衡表

中華民國　　年　　月　　日

科　　目	合計	普通基金	特　　　種　　　基　　　金						公務及特種財產
			營業基金	非營業循環基金	留本基金	公債基金	信託基金	其他	

結　　論

　　我國各級政府會計，無論普通基金與特種基金，均採分散制，故會計法乃有總會計，單位會計，分會計，附屬單位會計，及附屬單位會計之分會計等名稱之規定。總會計制度，係就單位會計報告，經由統制紀錄程序，產生綜合報告，對附屬單位會計報告，則採彙編辦法，逕行產生綜合報告。

　　總會計制度中之統制紀錄部分，程序較為繁複，紀帳根據，亦非齊一。預算帳目係依總預算書入帳，公庫現金之移轉，與各項歲入之

收入，係依公庫報告入帳，支出及其他不能由公庫報告提供之**資料,**始依機關報告入帳。

政府之一般財產與固定負債，爲單位會計另一單獨的帳類。在**總**會計制度中，對此等帳類的報告，亦如對特種基金附屬單位會計報**告****一樣**，採取彙編辦法。

總會計制度之聯合平衡表，則爲普通基金，特種基金，公務或**特**種財產，及普通固定負債等平衡表之綜合。

問 題 與 習 題

1. 試述超然主計制度之法律依據，其在財務聯綜組織中之地位若何？

2. 預算之成立分配執行，爲政府會計事項之特色，何故？

3. 政府會計事務，依其性質，可分幾項？試列舉之。

4. 何謂附屬單位會計？其與單位會計及分會計，有何區別？

5. 政府會計制度之設計，應明定之事項有幾？ 在何種情況下應爲一致之規定？**一致規定**之要旨何在？

6. 現行總會計事務之處理，係分別採用統制記錄與彙編兩種辦法，其程序各若何？

7. 政府記載彌補預算虧絀的固定負債，其與紀載短期借款之程序有何不同？不同的**理由**何在？

8. 預備金預算數帳目之性質如何？何以與歲出預算數並列？

9. 依預算法規定，預備金由行政首長核准動支，事後仍應提出追加預算。 在會計上應於核准動支時入帳，抑提追加預算完成程序後入帳？並申述其理由。

10. 預算法對支用第二預備金或請求提出追加歲出預算，有何限制？

11. 收回以前年度歲出與退還以前年度歲入，何以應另立帳目處理？ 何以不納入各項收入或各項支出帳目？

12. 試述各機關歲入結存，各機關經費結存，應與市庫結存分立帳目之緣由， 如何記**載三**者間現金之移轉？

13. 試述總會計結帳的步驟，並例示其應有的分錄。

14. 總會計制度規定有何種月報。主要的年報有幾種？

15. 總會計年終須根據各機關報告作補充的記錄，何以於次年年初又予冲回？

16. 總會計制度中，特種基金綜合報告的格式若何？如何填製？

17. 普通基金特種基金及財產聯合報告之編製，爲總會計之最終步驟， 試略述其編製之用**意與方法。**

18. 上列爲某市總會計發生的事項:
    (1) 上年度帳目結轉: 市庫結存 $ 138,000, 歲計剩餘 $ 58,000, 累計剩餘 $ 80,000。
    (2) 核定本年度歲入預算數$24,800,000,歲出預算數同,但其中列有預備金 $1,000,000。
    (3) 核准動支預備金 $ 800,000。
    (4) 歲入實收 $ 24,724,000。
    (5) 撥付各機關經費款 $ 24,600,000。
    (6) 經費實付 $ 23,872,000。
    (7) 應付未付款 $ 35.000。
    (8) 預收款 $ 360,000。
    (9) 代收款收到 $ 850,000 交付 $ 620,000。
    試根據上述資料, 逐一作成分錄, 過入 T 帳戶, 結算餘額編製試算表, 然後作成結帳分錄, 編製結帳後平衡表。

19. 下列是某市總會計年度開始第一個月份所發生的有關上年度各帳目的事項:
    (1) 上年度各帳目餘額結轉:

市庫結存	$ 24,000
各機關歲入結存	612,000
各機關經費結存	1,700,000
歲入應收款	1,263,000
歲出應付款	1,640,000
暫付經費款	500,000
預收款	612,000
債款彌補之虧絀	800,000
應付債款	800,000
短期借款	100,000
歲出保留數準備	560,000
累計虧絀	116,000
歲計剩餘	1,303,000

    (2) 收到歲入應收款 $ 820,000, 註銷歲入應收款 $ 600,000。
    (3) 歲出應付款 $ 1,560,000, 除以暫付經費款冲抵 $ 260,000外, 其餘付現。
    (4) 預收款 $ 492,000 繳付市庫轉列本年度收入。
    (5) 債款還本 $ 400,000。
    (6) 償還短期借款 $ 100,000。
    (7) 歲出保留數準備經確定債務者 $ 498,000, 註銷 $ 2,000, 試一一作成分錄, 過入T帳戶後, 結算餘額, 編製試算表。

20. 下列是某市總會計結帳前各帳目餘額試算表:
    市庫結存　　　　　　　$ 2,067,000

各機關歲入結存	200,000	
各機關經費結存	8,122,000	
歲入應收款	4,000,000	
墊付款	2,010,000	
押金	280,000	
歲出保留數	340,000	
歲入預算數	536,760,000	
核准債款	500,000	
債款彌補之虧絀	1,500,000	
保管款		$ 200,000
歲出應付款		6,000,000
保留數準備		340,000
歲出預算數		538,760,000
應付債款		1,500,000
累計剩餘		4,090,000
本年度收入		540,752,000
預算外收入		400,000
以前各年度收入		730,000
收回以前各年度歲出		250,000
本年度支出	536,358,000	
以前各年度支出	680,000	
退還以前各年度歲入	205,000	
	$ 1,093,022,000	$ 1,093,022,000

試根據上述資料作成結帳分錄，編製結帳後平衡表，累計剩餘變動表，及歲入歲出計算表。

21. 下列為某省總會計全年度總分類帳各帳目彙總表（單位千元），試據以分析編製現金收支表。

借	方		科 目	貸	方	
年初餘額	本年合計	年終餘額		年終餘額	本年合計	年初餘額
2,450	543,632	2,017	省 庫 結 存		544,065	
1,360	3,050	810	各機關歲入結存		3,600	
	538,760	1 422	各機關經費結存		537,338	
	5,000	5,000	墊 付 款			
	300	300	押 金			

538,760	536,760	歲　入　預　算　數		2,000	
2,000	500	核　准　債　款	.	1,500	
1,500	1,500	債款彌補之虧絀			
400		保　　管　　款	310	250	460
3,200		預　　收　　款	500	2,800	900
		歲　出　預　算　數	538,760	538,760	
		應　付　債　款	1,500	1,500	
		累　計　剩　餘	2,450	1,058	1,392
539,818		歲　計　剩　餘		538,760	1,058
100		各　項　收　入	540,652	540,752	
		預　算　外　收　入	400	400	
		以前各年度收入	730	730	
		收回以前各年度歲出	250	250	
536,358	536,358	各　項　支　出			
680	680	以前各年度支出			
205	205	退還以前各年度歲入			
3,810	2,713,763	1,085,552　合　　　　計	1,085,552	2,713,763	3,810

第六章　單位會計制度

我國政府會計，在實行分散制的現況下，係以單位會計爲樞紐。但各機關的單位會計，財務並不獨立，收入須繳解公庫，經費由公庫支付，故依中央頒行之普通公務單位會計制度之一致規定，係分爲歲入與經費兩個帳類，分別記載。

政府所入，大體可分爲稅賦捐費等強制性征課，與服務收費等非強制性收入兩種。非強制性收入，自屬普通公務會計範圍，適用上述一致規定。至強制性征課，依會計法分類，又屬特種公務會計之一，其會計制度，應參照上項一致規定，另行設計應用。

以下係就現行普通公務歲入類單位會計，特種公務征課單位會計，與普通公務經費類單位會計，例示其作業程序。

普通公務歲入類單位會計

歲入類單位會計機關可分爲四類，即 (1) 無附屬分會計機關亦無歲入預算者，(2) 無附屬分會計機關有歲入預算者，(3) 有附屬分會計機關無歲入預算者，(4) 有附屬分會計機關亦有歲入預算者。至無歲入預算之機關亦得與經費類會計合併登記編報。本節係就第四類例示其處理程序。

分會計機關，其會計事務之處理，得適用單位會計制度之規定，但會計事務簡單者，應採用抄報制。

歲入類單位會計的代表性事項

玆設定模範機關年度開始時歲入類總分類帳各科目餘額如下：

模範機關

歲入類平衡表

會計期間開始時

資　　產		負　　債	
歲入結存	$ 1,280	應納庫款	$　　500
歲入應收款	500	暫收款	1,280
	$ 1,780		$ 1,780

在年度內發生下列事項:

GR- 1. 核定本年度歲入預算數 $ 150,000。

GR- 2. 核定七月份歲入分配數 $ 16,500。

GR- 3. 查定本年度歲入應收款 $ 5,000。

GR- 4. 註銷以前年度歲入應收款 $ 240。

GR- 5. 接代理公庫銀行報告，收到本年度歲入款 $ 1,100， 本年度歲入應收款 $ 2,500，以前年度歲入應收款 $ 250，收回以前年度支出款 $ 250。

GR- 6. 零星收入自行收納本年度歲入款 $ 20，以前年度歲入應收款 $ 10。

GR- 7. 上項零星收入繳納代庫銀行。

GR- 8. 接代庫銀行報告退還以前年度所收的歲入款 $ 50。

GR- 9. 接代庫銀行報告收到暫收款 $ 60，預收款 $ 40。

GR-10. 沖轉暫收款 $ 1,280。

GR-11. 附屬分會計機關報告零星收到本年度歲入款 $ 220。

GR-12. 附屬分會計機關報告將上項零星收到本年度歲入款的一部 $ 180，繳納代庫銀行。

GR-13. 附屬分會計機關報告由代庫銀行收到暫收款 $ 100。

GR-14. 月終將歲入實收數與歲入納庫數結轉待納庫款。

GR-15. 月終將以前年度歲入退還數與以前年度納庫收回數對轉沖銷。

GR-16. 月終分析歲入實收數屬於本年度歲入款部分＄1,340(不包括已冲轉的本年度應收款)，將歲入分配數與預計納庫數冲轉。

GR-17. 月終分析歲入實收數屬於歲入應收款部分＄2,760，(包括本年度與以前年度)，將歲入應收款與應納庫款冲轉。

記載假設事項的總分類帳分錄

下列分錄係記載假設事項的總分類帳應有的分錄，每一分錄均標明事項的號碼。

事　項 GR-1

歲入預算數	＄150,000	
預計納庫數		＄150,000

此一分錄係記載核定本年度歲入預算數。追加預算同上例，追減預算應爲相反之分錄。

事　項 GR-2

歲入分配數	＄16,500	
歲入預算數		＄16,500

此一分錄係記載核定七月份歲入分配數。追加分配數同上例，追減分配數應爲相反之分錄。

事　項 GR-3

歲入應收款	＄5,000	
應納庫款		＄5,000
預計納庫款	5,000	
歲入分配數		5,000

此二分錄係記載查定本年度歲入應收款。註銷時，應爲相反之分錄。

事　項 GR-4

應納庫款	＄240	
歲入應收款		＄240

此一分錄係記載註銷以前年度歲入應收款。

事　項 GR-5

歲入納庫數	$ 4,100	
歲入實收數		$ 4,100

此一分錄係記載接代理公庫銀行報告，收到本年度歲入款 $ 1,100，本年度歲入應收款 $ 2,500，以前年度歲入應收款 $ 250，收回以前年度支出款 $ 250。退還時應爲相反之分錄。

事　項 GR-6

歲入結存	$ 30	
歲入實收數		$ 30

此一分錄係記載零星收入自行收納本年度歲入款 $ 20，以前年度歲入應收款 $ 10。退還時應爲相反的分錄。

事　項 GR-7

歲入納庫數	$ 30	
歲入結存		$ 30

此一分錄係記載將事項 GR-6 所收的零星收入繳納代庫銀行。

事　項 GR-8

以前年度歲入退還數	$ 50	
以前年度納庫收回數		$50

此一分錄係記載接代庫銀行報告退還以前年度所收的歲入款。

事　項 GR-9

歲入結存	$ 100	
暫收款		$ 60
預收款		40

此一分錄係記載接代庫銀行報告收到暫收款與預收款。如有保管款收到，可加設保管款科目。

事　項 GR-10

暫收款	$ 1,280	
歲入結存		$ 1,280

此一分錄係記載冲轉暫收款。轉帳作爲歲入款者，應加記的分錄

同 GR-5。

事　　項 GR-11

所屬機關歲入結存	$ 220	
歲入實收數		$ 220

此一分錄係記載附屬分會計機關報告零星收到本年度歲入款。報告退還時應為相反之分錄。

事　　項 GR-12

歲入納庫數	$ 180	
所屬機關歲入結存		$ 180

此一分錄係記載附屬分會計機關將事項 GR-11 零星收到本年度歲入款的一部分繳納代庫銀行。

事　　項 GR-13

所屬機關歲入結存	$ 100	
暫收款		$ 100

此一分錄係記載附屬分會計機關報告由代庫銀行收到暫收款。報告沖轉時，應為相反的分錄。

事　　項 GR-14

歲入實收數	$ 4,350	
歲入納庫數		$ 4,310
待納庫款		40

此一分錄係於月終根據歲入實收數與歲入納庫數報帳戶之餘額結轉於待納庫款。

事　　項 GR-15

以前年度納庫收回數	$ 50	
以前年度歲入退還數		$ 50

此一分錄係於月終根據以前年度歲入退還數與以前年度納庫收回數兩帳戶之餘額對轉沖銷。

事　　項 GR-16

預計納庫數	$ 1,340	
歲入分配數		$ 1,340

此一分錄，係於月終分析歲入實收數屬於本年度歲入款部分，爲歲入分配數與預計納庫數之冲轉。

事　　項 GR-17

應納庫款	$ 2,760	
歲入應收款		$ 2,760

此一分錄，係於月終分析歲入實收數屬於歲入應收款部分，作歲入應收款與應納庫款之冲轉。

結帳分錄

以上係就年度開始第一個月的設定事項，作成分錄舉例，以示一斑。此後各月份的記錄，依此類推，不再贅述。

會計年度終了時，應將預算帳目，先就本機關部分對轉冲銷，如實際收入大於預算數時，借記歲入分配數，貸記預計納庫數。如實際收入小於預算時，應爲相反之分錄。

對分會計報告跨年度整理結帳辦法

下年度開始後，在整理期間內，接到附屬分會計機關編送關於上年度報告，應卽一如常例，接續登記上年度帳簿，以便補編上年度的各項報告。每月底於補編各項報告後，應將上年度各項帳目的數額，逐一轉入下年度各相當帳簿。

附屬分會計機關上年度的報告彙記完結，或法定整理期間完畢，應在新帳上，將上年度的預算帳目結束，如實際收入大於預算數時，借記歲入分配數——上年度，貸記預計納庫數——上年度。如實際收入小於預算數時，應爲相反之分錄。

以上所述，完全是會計上的整理，原不包括現金出納整理。但事實上，各級政府公庫收支，基於種種原因，往往未能在年度終了以前收付清訖。因此；爲配合公庫收支結束期限起見，規定各機關帳目，

得於翌年繼續記載，在出納整理期間內，如有繼續奉准原於該年度核定追加預算的分錄，與補收、補付、補領、補繳等現金收付事項，仍記入該年度舊帳，並補編該期間的會計報告。預收、預領、預付等，應於年度終了時，即行轉入新帳。待納庫歲入款，待納庫經費剩餘，應在出納整理期間內掃數解庫，均在舊帳上處理，不得轉入新帳。暫收、暫付、保管、代收各款，應盡於結帳前清理完畢。其餘資產負債各科目，應於整理期間終了時，結轉新帳。對分會計報告跨年度整理結帳，亦照同樣辦法辦理，則歲入分配數 —— 上年度，與預計納庫數 —— 上年度兩科目，即可以不用。

事項的過帳

上述分錄過入總分類帳的情形，有如下列Ｔ帳戶所示。根據發生的事項，來解答每一筆帳目的過記。

模範機關的Ｔ帳戶

（括弧中的號碼，代表本書所使用事項編號）

歲 入 結 存

（餘額）	$1,280	(GR-7)	$30
(GR-6)	30	(GR-10)	1,280
(GR-9)	100		

暫 收 款

(GR-10)	$1,280	（餘額）	$1,280
		(GR-9)	60
		(GR-13)	100

所屬機關歲入結存

(GR-11)	$220	(GR-12)	$180
(GR-13)	100		

預 收 款

		(GR-9)	$40

歲 入 應 收 款

（餘額）	$500	(GR-4)	$240
(GR-3)	5,000	(GR-17)	2,760

應 納 庫 款

(GR-4)	$240	（餘額）	$500
(GR-17)	2,760	(GR-3)	5,000

歲 入 預 算 數		
(GR-1)	$ 150,000	(GR-2)	$ 16,500

歲 入 分 配 數		
(GR-2)	$ 16,50	(GR-3)	$ 5,000
		(GR-16)	1,340

歲 入 納 庫 數		
(GR-5)	$ 4,100	(GR-14)	$ 4,310
(GR-7)	30		
(GR-12)	180		

以前年度歲入退還數		
(GR-8)	$ 50	(GR-15)	$ 50

預 計 納 庫 數		
(GR-3)	$ 5,000	(GR-1)	$ 150,000
(GR-16)	1,340		

待 納 庫 款		
		(GR-14)	$ 40

歲 入 實 收 數		
(GR-14)	$ 4,350	(GR-5)	$ 4,100
		(GR-6)	30
		(GR-11)	220

以前年度納庫收回數		
(GR-15)	$ 50	(GR-8)	$ 50

歲入類單位會計報表

　　根據上述資料，編製平衡表，現金出納表，並附歲入累計表，與以前年度歲入應收款餘額表，格式如下：

圖 6-1

模範機關

歲入類平衡表

中華民國　　年 7 月 31 日

資　　力		負　　擔	
歲入結存	$　　100	應納庫款	$　2,500
所屬機關歲入結存	140	暫收款	160
歲入應收款	2,500	預收款	40
歲入預算數	133,500	預計納庫數	143,660
歲入分配數	10,160	待納庫款	40
	$ 146,400		$ 146,400

圖 6-2

模　範　機　關

歲入類現金出納表

中華民國　　年 7 月份（某年度）

收項

　Ⅰ. 上期結存　　　　　　　　　　　　　　　　　　　　　$ 1,280
　　㈠歲入結存　　　　　　　　　　　　　$ 1,280
　Ⅱ. 本期收入　　　　　　　　　　　　　　　　　　　　　3,270
　　㈠歲入實收數　　　　　　　　　　　　4,350
　　本年度部分
　　　1. 罰款及賠償收入　　　　$　　20
　　　2. 規費收入　　　　　　　3,600
　　　3. 財產孳息收入　　　　　220
　　以前年度部分
　　　4. 歲入應收款
　　　　規費收入××年度　　　　260
　　其他部分
　　　5.收回以前年度歲出
　　　　收回××年度溢發薪　　　250
　　㈡暫收款　　　　　　　　　$ −1,120
　　　暫收數　　　　　　　　　160
　　　冲轉數　　　　　　　　　−1,280
　　㈢預收款　　　　　　　　　　　　　40
　　　預收數　預收規費　　　　40
　　㈣以前年度納庫收回數　　　　　　　50
　　　市庫 7 月×日退回
　　㈤以前年度歲入退還數　　　　　　　−50
　　　退還××年度誤收規費
　　　收項總計　　　　　　　　　　　　　　　　　　　　$ 4,550

付項

　Ⅲ. 本期支出　　　　　　　　　　　　　　　　　　　$ 4,310
　　㈠歲入納庫數　　　　　　　$ 4,310
　　本年度部分
　　　1. 罰款及賠償收入　　　$ 20
　　　7 月×日第×號繳款書

　　2. 規費收入　　　　　　　3,600

　　　　7月×日第×號繳款書

　　3. 財產孳息收入　　　　　 180

　　　　7月×日第×號繳款書

　以前年度部分

　　4. 以前年度歲入

　　　規費收入　　　　　　　　260

　　　　7月×日第×號繳款書

　其他部分

　　5. 收回以前年度歲出

　　　收回××年度溢發薪　　　250

　　　　7月×日第×號繳款書

Ⅳ. 本期結存　　　　　　　　　　　　　　　　　　　　240

　(一)歲入結存　　　　　　　　　　　　　　100

　(二)所屬機關歲入結存　　　　　　　　　　140

　　付項總計　　　　　　　　　　　　　　　　$ 4,550

圖 6-3

模範機關

歲 入 累 計 表

中華民國　　年 7 月份（某年度）

科　　　　目				截至本月止分配數	收 入 數				支收入之分配數	納庫累計數	備　考
					實 收 數			應收數			
					收入憑證		截 至本月止累計數				
款	項	目	名 稱		字	起訖號數	本月實收數				

圖 6-4

模範機關

以前年度歲入應收款餘額表

中華民國　　年　月份

年　度	科　　　　目				以前年度結轉應收數	實 收 數			尚未實收之應收數	納庫數	備　考
	款	項	目	名 稱		收入憑證	本 月	實 收累計數			
						字	起訖號數	本月實收數			

特種公務征課單位會計

　　縣市稅捐稽征處征課會計制度，中央曾有一致規定之頒行。茲卽以縣市稅捐稽征處征課會計制度之一致規定，作爲說明特種公務征課單位會計程序之依據。

征課會計科目

　　下列爲縣市稅捐稽征處會計制度一致規定中之會計科目。並將普通公務歲入類單位會計相當或相同的科目，加以附註，以便對照參考。

　1. 通常表示借方餘額之科目：

　　　現金（相當歲入結存，惟專戶存款另立科目）

　　　所屬機關現金（相當所屬機關歲入結存）

　　　專戶存款（見「現金」註）

　　　應收款（相當歲入應收款）

　　　墊付征收經費

　　　額征預算數（相當歲入預算數）

　　　額征分配數（相當歲入分配數）

　　　納庫數——國庫（相當歲入納庫數）

　　　納庫數——省庫（同上）

　　　納庫數——縣市庫（同上）

　　　以前年度收入退還數（同）

　2. 通常表示貸方餘額之科目：

　　　待納國庫款（相當待納庫款）

　　　待納省庫款（同上）

　　　待納縣市庫款（同上）

　　　保管款（同）

　　　預收款（同）

　　　暫收款（同）

　　　應納國庫款（相當應納庫款）

　　　應納省庫款（同上）

　　　應納縣市庫款（同上）

　　　應付提獎

　　　預計納庫數（同）

　　　實收數——本年度（相當歲入實收數）

　　　實收數——以前年度（同上）

　　　實收數--雜項（同上）

　　　以前年度納庫退回數（同）

征課會計科目的特點

　　征課會計科目，特點有三:

　　第一、應納庫款，待納庫款，與納庫數科目，按各級公庫分設三組，以便分別表示共分稅之應納，待納，與實納各級公庫之數字。凡共分稅之查定應納數，已收未納數，及實納數，均應按照規定分配比率劃分入帳。

　　第二、專戶存款應用範圍的擴大。本科目除照一般情形通用於保管，預收，暫收各款外，並包括共分稅未分配前的專戶存儲。

　　第三、墊付征收經費與應付提獎科目的設置。關於共分稅代征經費之坐支抵解，以及各項罰鍰獎金之提存分配等事項，特設科目，以資控制。

　　茲將墊付征收經費與應付提獎科目的分錄方法，舉例如下。至其餘各科目的處理，月終結轉，與年終結束分錄，均與普通公務歲入類

單位會計同，不再贅述。

1. 墊付代征經費:

　　墊付征收經費　　　$ ×××

　　　現金　　　　　　　　　　　$ ×××

2. 抵解代征經費

　　納庫數——國庫　　　$ ×××

　　納庫數——省庫　　　　×××

　　　墊付征收經費　　　　　　　$ ×××

3. 提存各項獎金:

　(1) 收現:

　　　現金　　　　　　$ ×××

　　　　應付提獎　　　　　　　$ ×××

　(2) 轉帳:

　　　預收款　　　　　$ ×××

　　　暫收款　　　　　　×××

　　　　應付提獎　　　　　　　$ ×××

4. 分配獎金:

　　應付提獎　　　　　$ ×××

　　　現金　　　　　　　　　　$ ×××

征課會計報表

征課會計的主要報表，計有如下各種:

1. 現金出納表 (旬報或月報，年報)。

2. 資力負擔平衡表 (月報，年報)。

3. 征課表 (旬報或月報)。

4. 以前年度應收款餘額表 (旬報或月報)。

5. 國地共分各稅征納報告表（旬報）。

6. 各單位征收成績月報表。

7. 票照編號月報表。

以上七種報表，除 1. 2. 兩種格式與普通公務歲入類單位會計所定格式相同外，其餘表式例示如下：

圖 6-5

模範市稅捐稽征處

征 課 表

中華民國　年　月　日起至　月　日止

科 目				本 期 收 入 數			截至本期累計數				備　考
款	項	目	名　稱	應收數	原始憑證	實收數	收 入 數		額 征 分配數	比 較 增減數	
					種類	張數		應收數	實收數		

圖 6-6

模範市稅捐稽征處

以前年度應收款餘額表

中華民國　年　月　日起至　月　日止

年　度	科 目				以前年 度結轉 應收數	實 收 數			本年度 註銷數	尚未實收 及註銷之 應 收 數	備　考
	款	項	目	名　稱		收入憑證	本 期 實收數	實 收 累計數			
						種類	號數				

圖 6-7

模範市稅捐稽征處

國地共分各稅征納報告表

中華民國　年　月份　旬

科目及摘要	截至本旬 查　征 累 計 數	截至本旬 征　收 累 計 表	本 旬 納 庫 數					截至本旬納庫累計數					尚　未 納　庫 征收數
			國庫	省庫	市庫	代征 經費	合計	國庫	省庫	市庫	代征 經費	合計	

圖 6-8

模範市稅捐稽征處

各單位征收成績月報表

中華民國　年　月份

經征單位（人員）	應收數		實收數		未收數		實收百分比		備　考
	票照張數	金額	票照張數	金額	票照張數	金額	票照張數	金額	

圖 6-9

模範市稅捐稽征處

票照（編號）月報表

中華民國　年　月份

領用單位	票照名稱	上月結存			領　用			掣　出			作　廢			本月結存			備　考
		字號	起訖號數	張數	字號	起訖號數	張數	字號	起訖號數	張數	字號	起訖號數	張數	字號	起訖號數	張數	

普通公務經費類單位會計

　　經費類單位會計機關可分二類，卽　(1)　無附屬分會計機關者，(2) 有附屬分會計機關者。本節係就無附屬分會計機關者例示其處理程序。

　　現行普通公務會計，所入支出與資本支出，不予劃分。財產之購置，非如企業會計實務之視爲資產之變化，而係依一般政府會計原則，與經常支出同樣處理。故在經費類單位會計制度中，並另設財產統制帳，作資本化之記錄，表示財產之存在，控制其增減。財產統制帳相當於第三章中之固定資產帳類。

經費類單位會計的代表性事項

　　茲設定模範機關年度開始時經費類總分類帳各科目餘額如下：

模範機關

經費類平衡表

會計期間開始時

資　　力			負　　擔		
經費結存	$	260	歲出應付款——以前年度	$	320
零用金		200	保留數準備——以前年度		240
材料		1,000	經費剩餘——材料部分		1,000
押金		50	經費剩餘——押金部分		50
應領經費		560	經費剩餘——待納庫部分		460
	$	2,070		$	2,070

在年度內發生下列事項:

GA- 1. 核定本年度歲出預算數 $ 270,000。

GA- 2. 核定七月份歲出分配數 $ 22,500。

GA- 3. 領到本年度經費, 由收入總存款內撥入經費存款戶 $ 22,500。

GA- 4. 領到上年度應領經費, 備付以前年度歲出應付款 $ 560。

GA- 5. 訂購材料用品估計成本 $ 1,250。

GA- 6. 上項契約責任消滅, 轉爲確定債務 $ 1,260。

GA- 7. 以前年度保留數在本年度確定債務 $ 240。

GA- 8. 支付以前年度歲出應付款 $ 560。

GA- 9. 支付事務單位零用金 $ 300。

GA-10. 支付押金 $ 180。

GA-11. 支付本年度應付款 $ 1,260 (參見 GA-6)。

GA-12. 支付本月份用人費 $ 9,500, 並代扣所得稅與保險費 $ 420。

GA-13. 上項代扣所得稅與保險費, 每月卽已交付。

GA-14. 支付本月份約定勞務與其他開支 $ 4,280, 財產購置 $ 4,000。

GA-15.　支付預付款 $ 500。

GA-16.　上項預付款冲轉經費支出並補付現金 $ 40。

GA-17.　耗用材料用品 $ 2,200。

記載假設事項的總分類帳分錄

下列分錄，係記載假定事項的總分類帳應有的分錄。

事　項 GA-1

預計領用數	$ 270,000	
歲出預算數		$ 270,000

此一分錄係記載核定本年度歲出預算數。追加預算同上例，追減預算應為相反之分錄。

事　項 GA-2

歲出預算數	$ 22,500	
歲出分配數		$ 22,500

此一分錄係記載核定七月份歲出分配數。追加分配數同上例，追減分配數應為相反之分錄。

事　項 GA-3

經費結存	$ 22,500	
預計領用數		$ 22,500

此一分錄係記載領到本年度經費，由收入總存款內撥本機關經費存款戶，如上年度有預領經費轉入，應一併冲轉，即借記預領經費，貸記預計領用數。

事　項 GA-4

經費結存	$ 560	
應領經費		$ 560

此一分錄係記載領到上年度應領經費，備付以前年度歲出應付款。

事　項 GA-5

歲出保留數	$ 1,250	
保留數準備		$ 1,250

此一分錄係記載訂購材料用品，發生契約責任之估計成本。

事　項 GA-6

保留數準備	$ 1,250	
歲出保留數		$ 1,250
材料	$ 1,260	
歲出應付款		$ 1,260

此二分錄，前者係記載契約責任消滅，後者係記載轉爲確定債務，而材料用品並採耗用基礎。如採行採購基礎，則後者應借記經費支出。

事　項 GA-7

保留數準備——以前年度	$ 240	
歲出應付款——以前年度		$ 240

此一分錄係記載以前年度保留數至本年度確定債務。上例爲保留金額恰等於實際金額。如保留金額大於實際金額時，則以其餘額轉入經費剩餘——待納庫部分。如以前年度契約責任對方未經履行，則應全數轉入經費剩餘一待納庫部分，卽借記保留數準備—以前年度，貸記經費剩餘——待納庫部分。

事　項 GA-8

歲出應付款——以前年度	$ 560	
經費結存		$ 560

此一分錄係記載支付以前年度歲出應付款。

事　項 GA-9

零用金	$ 300	
經費結存		$ 300

此一分錄係記載支付事務單位經管之零用金。收回時應爲相反之分錄。

事　項 GA-10

押　金	$ 180	
經費結存		$ 180

此一分錄係記載支付押金。收回時，應爲相反的分錄。如收回以

前年所付的押金，並加借記經費剩餘——押金部分，貸記經費剩餘
——待納庫部分。

事　項 GA-11

歲出應付款	$ 1,260	
經費結存		$ 1,260

此一分錄係記載支付本年度歲出應付款（參見 GA-6）。

事　項 GA-12

經費支出	$ 9,500	
代收款		$ 420
經費結存		9,080

此一分錄係記載支付七月份用人費，並代扣所得稅與保險費。

事　項 GA-13

代收款	$ 420	
經費結存		$ 420

此一分錄係記載交付代扣所得稅與保險費。

事　項 GA-14

經費支出	$ 8,280	
經費結存		$ 8,280

此一分錄係記載支付七月份約定勞務與其他開支 $ 4,280 又財產
購置 $ 4,000，如歸墊零用金亦同。

事　項 GA-15

暫付款	$ 500	
經費結存		$ 500

此一分錄係記載支付暫付款。

事　項 GA-16

經費支出	$ 540	
暫付款		$ 500
經費結存		40

此一分錄係記載暫付款冲轉經費支出並補付現金。如暫付款大於
經費支出，則應收回現金，卽上例中之經費結存應予借記。

事 項 GA-17

```
經費支出                    $ 2,200
    材料                            $ 2,200
```

此一分錄係記載材料用品之耗用。亦卽採行耗用基礎而非採行採購基礎。如採行採購基礎則於採購時借記經費支出，貸記經費結存。耗用時無記錄。

結帳分錄

以上係就年度開始一個月份事項作成分錄舉例，以示一斑。此後各月份記錄可依此類推。迨年度終了時，應辦理結帳，其結帳分錄如下：

C-1

```
歲出分配數                  $ ×××
    經費支出                        $ ×××
    歲出保留數                        ×××
```

上項分錄係將經費支出與歲出保留數兩科目餘額，結轉歲出分配數。

C-2

```
歲出分配數                  $ ×××
    經費剩餘——待納庫部分            $ ×××
```

上項分錄係將歲出分配數科目餘額，結轉經費剩餘——待納庫部分。

C-3

```
經費剩餘——待納庫部分        $ ×××
    預計領用數                      $ ×××
```

上項分錄係將本年度尚未領到而停止使用的經費，抵銷經費剩餘——待納庫部分。

C-4

```
應領經費                    $ ×××
    預計領用數                      $ ×××
```

上項分錄係將預計領用數科目餘額，卽應領而尚未領到的經費，結轉應領經費。

C-5

經費剩餘——待納庫部分　　　　　　$ ×××

　　經費剩餘——材料部分　　　　　　　　$ ×××

　　上項分錄依照本年度增加之材料用品，由經費剩餘——待納庫部分轉入材料部分，俾使貸方經費剩餘——材料部分科目之餘額，得與借方材料科目之餘額，調整為一致。材料減少；應為相反之分錄。經費剩餘——材料部分，相當於第二章中的庫存用品準備，同屬剩餘準備性質。

C-6

經費剩餘——待納庫部分　　　　　　$ ×××

　　經費剩餘——押金部分　　　　　　　　$ ×××

　　上項分錄係照本年度增加之押金，由經費剩餘——待納庫部分轉入押金部分，使貸方經費剩餘—押金部分科目之餘額，得與借方押金科目之餘額，調整為一致。押金減少，應為相反之分錄。經費剩餘——押金部分，亦係剩餘準備性質。

事項的過帳

　　以上年度開始第一個月份的分錄，過入總分類帳的情形，有如下列T帳戶所示。此係根據假定事項，解答每一筆帳目的過記。

模範機關的T帳戶

(括弧中的號碼，代表本書所使用的事項編號)

經　費　結　存			
(餘額)	$ 260	(GA-8)	$ 560
(GA-3)	22,500	(GA-9)	300
(GA-4)	560	(GA-10)	180
		(GA-11)	1,260
		(GA-12)	9,080
		(GA-13)	420
		(GA-14)	8,280
		(GA-15)	500
		(GA-16)	40

歲　出　應　付　款			
(GA-11)	$ 1,260	(GA-6)	$ 1,260

歲出應付款——以前年度			
(GA-8)	$ 560	(餘額)	$ 320
		(GA-7)	240

代　收　款			
(GA-13)	$ 420	(GA-12)	$ 420

零 用 金

(餘額)	$ 200	
(GA-9)	300	

歲 出 預 算 數

(GA-2)	$ 22,500	(GA-1)	$ 270,000

材 料

(餘額)	$ 1,000	(GA-17)	$ 2,200
(GA-6)	1,260		

歲 出 分 配 數

	(GA-2)	$ 22,500

押 金

(餘額)	$ 50
(GA-10)	180

保 留 數 準 備

(GA-6)	$ 1,250	(GA-5)	$ 1,250

暫 付 款

(GA-15)	$ 500	(GA-16)	$ 500

保留數準備——以前年度

(GA-7)	$ 240	(餘額)	$ 240

歲 出 保 留 數

(GA-5)	$ 1,250	(GA-6)	$ 1,250

經費剩餘——材料部分

	(餘額)	$ 1,000

應 領 經 費

(餘額)	$ 560	(GA-4)	$ 560

經費剩餘——押金部分

	(餘額)	$ 50

預 計 領 用 數

(GA-1)	$ 270,000	(GA-3)	$ 22,500

經費剩餘——待納庫部分

	(餘額)	$ 460

經 費 支 出

(GA-12)	$ 9,500
(GA-14)	8,280
(GA-16)	540
(GA-17)	2,200

財產統制帳

普通公務機關財產統制帳，借方科目，係依財物分類標準，設置 (1) 土地，(2) 房屋及建築，(3) 機械設備，(4) 交通運輸設備，(5) 什項設備。貸方祇設一「現存財產總額」科目，以資平衡。此等科目，僅供統馭財產明細帳與編製財產目錄時核對分類結數之用，並不據以編製平衡表。

財產的增減，除購置應根據發票帳單入帳外，其餘如撥入，孳生，撥出，變賣，與毀損，應分別根據證明各該事項發生的憑單，登記財產明細分類帳。於每月終了時，再根據明細帳本月份增減結數，彙記財產統制帳。

月終就財產明細帳的本月份增加數，作彙記分錄如下：

土地	$×× ×	
房屋及建築	×× ×	
機械設備	×× ×	
交通運輸設備	×× ×	
雜項設備	×× ×	
現存財產總額		$×× ×

月終就財產明細帳的本月份減少數，作彙記分錄如下：

現存財產總額	$×× ×	
土地		$×× ×
房屋及建築		×× ×
機械設備		×× ×
交通運輸設備		×× ×
雜項設備		×× ×

經費類單位會計報表

　　根據上述資料，編製平衡表，現金出納表，並附經費累計表，以前年度歲出保留數準備及應付款餘額表，與財產增減表或目錄格式如下：

圖 6-10
模範機關
經費類平衡表
中華民國　年 7 月 31 日

資　　力		負　　擔		
經費結存	$　2,700	歲出預算數		$ 247,500
零用金	500	歲出分配數	$ 22,500	
材料	60	減：經費支出	20,520	1,980
押金	230	經費剩餘——材料部分		1,000
預計領用數	247,500	經費剩餘——押金部分		50
		經費剩餘——待納庫部分		460
	$ 250,990			$ 250,990

圖 6-11
模範機關
經費類現金出納表
中華民國　年 7 月份（某年度）

收項			
Ⅰ．上期結存			$ 460
㈠經費結存		$ 260	
㈡零用金		200	
Ⅱ．本期收入			23,480
㈠預計領用數		22,500	
××費——本月份	$ 22,500		
7 月×日第×號支付書			
㈡應領經費		560	
××費——×年 6 月份	560		
7 月×日第×號支付書			
㈢代收款		420	
代扣所得稅與保險費	420		
收項總計			$ 23,940

付項

Ⅲ. 本期支出　　　　　　　　　　　　　　　　　　　　　　　　$ 20,740

　　(一)經費支出　　　　　　　　　　　　　　　　　$ 19,580

　　　　××費（按業務分類）　　　　$ 19,580

　　(二)歲出應付款　　　　　　　　　　　　　　　　　560

　　　　××費──××年度　　　　　560

　　(三)暫付款　　　　　　　　　　　　　　　　　　　0

　　　　暫付數　　　　　　　　　$ 500

　　　　減：收回數　　　　　　　　−500

　　(四)押金　　電話押機費　　　　　　　　　　180

　　(五)代收款　　　　　　　　　　　　　　　　　420

　　　　繳付所得稅與保險費　　　　420

Ⅳ. 本期結存　　　　　　　　　　　　　　　　　　　　　　　3,200

　　(一)經費結存　　　　　　　　　　　　　　　　2,700

　　(二)零用金　　　　　　　　　　　　　　　　　500

　　　　付項總計　　　　　　　　　　　　　　　　　　　　　$ 23,940

圖 6-12

模　範　機　關

經　費　累　計　表

中華民國　年 7 月份（某年度）

科　　　　目				截至本月止分配數	支出憑證		支　出　數			保留數	分配數餘額	備　註
款	項	目	名　稱		字	起訖號數	實付數		應付數			
							本月	累計				

圖 6-13

模　範　機　關

以前年度歲出保留數準備及應付款餘額表

中華民國　年 7 月份（某年度）

年　度	科　　　　目				支出憑證		保留數準備			應　付　款				備　註
	款	項	目	名　稱	字	起訖號數	轉入數	冲轉數	餘額	轉入數	實付數		餘額	
								本月	累計			本月	累計		

圖 6-14
模　範　機　關
財　產　增　減　表
中華民國　年　月份
財　產　目　錄
中華民國　年度

類別	名　　稱	單位	摘　　要	編　號		數　量	單位價格	金　額	備　　考
				字	號				

　　財產增減表為動態報告，應分為增加和減少兩部。增加列前，減少列後。不必填現存數字，至財產目錄為靜態報告，祇填現存財產數字，而不必填增減數字。

結　　論

　　單位會計，為各機關處理收支的會計個體。在普通公務機關言，係按歲入與經費，分列為兩個帳類。歲入類記載歲入之征課或收入，經費類記載經費之受領與支用。在特種公務機關言，征課會計，亦屬歲入會計之範疇，兩者事務之繁簡，固有不同，但其處理程序，則係大同小異。

　　經費之控制，為單位會計之主要目標。歲出預算與月份分配數額之入帳，旨在與實際支出之比較，以期控制支出於分配限額之內。由於定單與契約責任，終將成為債務，故應為歲出保留數與保留數準備之備忘記錄，以預防經費之超支。

　　各機關的財產統制帳，為經費類單位會計之一部分。此乃基於政府會計中之固定項目分開原則而設定的單獨帳類。

　　立法機關對稅收之控制，主要是在於稅率，而非稅額。故單位會計歲入預算數額之入帳，並非約束實際歲入之超收，而係衡量歲入預算與月份分配編定數額之準確程度，作為今後改進預測之參考。

問 題 與 習 題

1. 單位會計制度, 分為歲入與經費兩個帳類處理, 何故?
2. 分會計制度是否可適用單位會計制度?其事務之簡單者應如何變通?
3. 單位會計歲入預算帳目的性質若何?試與總會計的預算帳目作一比較。
4. 試述歲入應收款與應納庫款兩帳戶之關係。
5. 試述應納庫款與納待庫款兩帳戶之區別。
6. 歲入款之由公庫收納與機關自行收納, 其會計記錄各若何?又自行收納歲入款之納庫, 如何記錄?
7. 接附屬分會計機關報告零星收入本年度歲入款, 嗣又報告將歲入款繳納代庫銀行, 試作成應有之分錄。
8. 何謂會計整理期間?何謂出納整理期間?其應整理之項目各若何?
9. 歲入類單位會計報表有幾種?試列舉之, 並概述其性質與內容。
10. 征課單位會計科目, 與歲入類單位會計科目, 有何異同?其特點何在?
11. 試列舉征課會計之主要報表。
12. 經費類單位會計, 何以另設財產統制帳。
13. 如何記錄歲出預算的成立與分配?
14. 領收經費應如何分錄入帳?
15. 經費類單位會計, 對以前年度保留數準備到本年度確定債務時, 倘原保留數大於實際數, 應如何處理?
16. 某機關定購用品, 簽發定單, 估計成本 $ 50,000。嗣接到貨, 附來發票, 實際成本 $ 52,000, 試作成應有之分錄。
17. 材料用品支出的入帳基礎有幾?試分述其方法要點。
18. 經費類單位會計年終結帳程序若何?試列述其分錄方法。
19. 經費剩餘——材料部分, 與押金部分, 係屬何種性質之科目?設置此類科目之用意何在?
20. 財產統制帳的借方科目有幾?貸方科目有幾?試與第三章中之固定資產帳類各科目, 比較其優劣。
21. 試述經費累計表之主要內容, 並推論其在管理上之功用。
22. 財產增減表與財產目錄的性質有何不同?編製方法有何差別?
23. 下列是某機關某年度開始第一個月份歲入類單位會計各帳戶的餘額:

所屬機關歲入結存	$ 500,000
預收款	500,000
以前年度納庫收回數	1,000,000
保管款	1,000,000
應納庫款	1,000,000

歲入分配數	$ 1,000,000
歲入應收款	1,000,000
以前年度歲入退還數	500,000
歲入結存	1,800,000
歲入預算數	22,000,000
預計納庫數	23,000,000
預計納庫數——上年度	1,300,000
歲入納庫數	2,300,000
歲入實收數	2,400,000
歲入分配數——上年度	1,300,000
暫收款	700,000

　　試應用一般格式，並予順序排列，編製平衡表。

24. 下列是某縣稅捐稽征處征課會計年度開始第一個月總分類帳各帳戶結算前餘額：

現金	$ 50
額征預算數	120,000
額征分配數	400
應收款	28,400
預計納庫數	119,600
專戶存款	1,000
納庫數——國庫	72,000
納庫數——省庫	9,000
納庫數——縣庫	11,000
應納國庫款	22,720
應納省庫款	2,840
應納縣庫款	2,840
實收數——本年度	90,000
實收數——雜項收入	2,000
以前年度收入退還數	1,650
以前年度納庫收回數	1,650
保管款	400
暫收款	600
應付提獎	800
墊付代征經費	750

　　試予順序排列，編製餘額試算表。

25. 根據下面的資料，應用一般格式，並予順序排列，編製平衡表：

押金	$ 500

零用金	$ 2,000
代收款	4,800
經費結存	5,700
歲出預算數	330,000
經費支出	29,000
預計領用數	330,000
歲出分配數	30,000
總費剩餘——押金部分	500
經費剩餘——待納庫部分	1,400

26. 下列是某機關某月份終了時財產統制帳各帳目的餘額，試依一般格式，並予順序排列，編製平衡表。

交通運輸設備	$ 254,900
機械設備	26,100
現存財產總額	1,121,000
土地	748,000
什項設備	92,000
房屋及建築	456,500

27. 下列是某機關某年度開始第一個月份歲入類單位會計發生的事項：

（1）上年度結轉的各帳目餘額：　歲入結存 $ 2,100，歲入應收款 $ 2,400，應納庫款 $ 2,400，暫收款 $ 500，保管款 $ 1,600。

（2）核定本年度歲入預算數 $ 60,000。

（3）核定本月份預算分配數 $ 5,000。

（4）自行收納本年度零星歲入款 $ 250。

（5）上項零星歲入款全數繳庫，已據公庫報告收到。

（6）公庫報告收到暫收款 $ 200，保管款 $ 400。

（7）公庫報告發還保管款 $ 1,600。

（8）公庫報告直接收納本年度歲入款 $ 4,300。

（9）公庫報告收到預收款 $ 480。

（10）接審計機關剔除經費通知，剔除上年度經費 $ 200。

（11）上項剔除經費已由經手人賠償繳庫。

（12）公庫報告退還以前年度所收的歲入款 $ 580。

試根據上述資料作成分錄，過入T帳戶，結算餘額，作成月結分錄，編製六欄式結算表，並據以編製歲入類平衡表，與現金出納表。

28. 下列是某機關某年度最後一個月份歲入類單位會計結算前的試算表：

歲入結存	$ 4,600
歲入應收款	2,700

歲入分配數	$ 48,500	
歲入納庫數	51,200	
以前年度歲入退還數	300	
保管款		$ 2,100
應納庫款		2,700
暫收款		1,500
預收款		1,000
待納庫款		480
預計納庫數		48,500
歲入實收數		50,720
以前年度納庫收回數		300
	$ 107,300	$ 107,300

年終查明：

（1）本月份歲入納庫數中，計有本年度歲入款 $49,400，以前年度歲入款 $1,500，預算外收入 $300。

（2）歲入實收數中，計有本年度歲入款 $49,220，以前年度歲入款 $1,500。

（3）本月底曾發出徵款書而未接代理公庫銀行報告收到之歲入款 $420。

試根據上述資料，作成月結分錄，年終整理結帳分錄，編製結帳後平衡表。

29. 下面是某縣稅捐稽徵處年度開始第一個月份征課類單位會計發生的事項：

（1）核定本年度各項稅課額征預算數 $120,000。

（2）核定本月份額征分配數 $60,000。

（3）查定稅課應收數 $59,200，全數為共分稅，計中央應得80%，省縣各得10%。

（4）上項查定應收稅款，已據公庫報告收到 $45,000 存入專戶。

（5）公庫報告收到什項收入 $1,000。

（6）共分稅已分別繳解各級政府公庫。

（7）提存各項獎金收到現金 $400。

（8）墊付征收經費 $380。

（9）公庫報告收到保管款 $200，暫收款 $300。

月終查明：

（1）事前查定稅課之實收淨額 $45,000。

（2）未經事先查定之實收淨額 $1,000。

試根據上述資料，過入T帳戶，編製試算表，作成月結分錄，然後編製征課類平衡表，與現金出納表。

30. 下面是某機關某年度開始第一個月份經費類單位會計發生的事項：

（1）上年度結帳各帳目餘額：經費結存 $3,200 零用金 $10,000，押金 $4,000，暫付款 $11,500，應領經費 $50,000，歲出應付款 $63,500，代收款 $1,200，

保留數準備 $ 10,000, 經費剩餘—押金部分 $ 4,000。

（2）核定本年度歲出預算數 $ 1,440,000。

（3）核定本月份預算分配數 $ 120,000。

（4）領到本月份經費 $ 120,000。

（5）領到上年度應領經費 $ 50,000。

（6）上年度轉入的保留數準備轉爲確定債務 $ 9,800, 餘數註銷。

（7）支付本月份用人費 $ 60,000, 內代扣所得稅 $ 400, 代扣保險費 $ 800。

（8）支付上年度歲出應付款 $ 70,000, 內有 $ 10,000 係以暫付款冲轉抵支。

（9）收回押金 $ 2,000, 並調整經費剩餘。

(10) 代收所得稅及保險費款連同上年度轉入未繳數, 一併清繳。

(11) 支付事務費 $ 20,000, 購置費 $ 15,000。

(12) 零用金保管員報支事務費 8,450, 照數付訖, 以補足其定額。

(13) 經費剩餘繳解公庫。

　試根據上述資料作成應有的分錄, 過入T帳戶, 結算餘額, 編製平衡表, 與現金出納表。

81. 下面是某機關某年度最後一個月份經費類單位會計結帳前試算表：

經費結存	$ 120	
零用金	500	
押金	400	
暫付款	230	
經費支出	48,600	
代收款		450
歲出分配數		49,000
經費剩餘——押金部分		400
	$ 49,850	$ 49,850

年終查明：

（1）本年度應付未付款 $ 120。

（2）本年度定單與契約責任 $ 150。

　試根據上述資料, 作成年終整理結帳分錄, 並編製結帳後平衡表。

第七章　附屬單位會計制度

　　各級政府或其所屬機關附屬之營業機關，事業機關，或作業組織之會計，或各機關附屬之特種基金之會計，均爲附屬單位會計。此等機關或基金之收支，不宜如普通基金之收支，將其全部收支分別編成單位預算，再彙列總預算，而受普通基金預算法則之拘束。故祇就其應由普通基金預算負擔，或作爲普通基金預算資源的部分收支，編入總預算。至於此等公有營業機關，事業機關，作業組織，或附屬之特種基金本身的全部收支，應另編預算，作爲總預算之附屬預算，亦卽預算法所稱之附屬單位預算。處理附屬單位預算機關或基金財務收支之會計，卽爲會計法所稱之附屬單位會計。由此可知，附屬單位會計的所謂「附屬」兩字之涵義，係從政府總預算立場着眼，若就附屬單位會計本身立場觀察，則爲自計盈虧或自計餘絀而具有完整獨立性質之會計個體。

　　本章係就營業基金，非營業循環基金者，特賦基金，與信託基金，論述其會計實務。

營業基金會計

　　公有營業機關與公有事業機關，涵義不同。會計法載：「凡政府所屬機關，專爲供給財物勞務或其他利益，而以營利爲目的，或取相當之代價者，爲公有營業機關。其不以營利爲目的，或不取相當之代價者，爲公有事業機關」。公有營業，亦與作業組織，涵義有別。會計法載：「公務機關附帶爲事業或營業之行爲，而別有一部分之組織者，其組織爲作業組織。公有事業或公有營業機關於其本業外附帶爲他種事業或營業之行爲而別有一部分之組織者，其組織亦得視爲作業組織」。而有作業組織之各機關，其作業部分之會計事務，得按其性質

分別適用公有營業會計或公有事業會計之規定。政府會計以基金會計為依歸，故公有營業會計，實卽營業基金會計。

現行營業基金會計，其方法程序，大體悉循商業會計原則。現在經濟部訂有生產事業會計制度統一規定，財政部訂有銀行業統一會計制度與保險業統一會計制度，交通部亦訂有交通各業統一會計制度。此等統一制度，均將推行於民營企業。至各營業機關本身，大都均已依照統一規定各別設計本機關適用的會計制度。

營業基金會計制度，因業而異，不勝枚舉。茲就近年來國營事業綜合預算或決算中彙編所用之科目分類，及主要綜計表格式，分述於如下各節。

營業基金會計科目

營業基金會計科目，茲按資產負債，損益，盈餘分配，虧損填補，資金運用等類，列述如次：

一、資產負債科目：

（一）資產：

流動資產

放款及買滙（金融業專用）

基金長期墊款及投資

固定資產

遞延借項

其他資產

往來及兌換（如為貸方餘額，列為負債）

（二）負債：

流動負債

存款及滙款（金融業專用）

　　　　固定負債

　　　　遞延貸款

　　　　其他負債

　　　　營業及負債準備

　（三）淨值：

　　　　資本

　　　　公積及盈虧

二、損益科目：

　（一）營業收入：

　　　　　銷貨收入

　　　　　勞務收入

　　　　　電費收入

　　　　　運輸收入

　　　　　金融業務收入

　　　　　電信收入

　　　　　郵務收入

　　　　　其他營業收入

　（二）營業外收入

　　　　　財務收入

　　　　　整理收入

　　　　　其他營業外收入

　（三）營業支出：

　　　　　銷貨成本

　　　　　勞務成本

　　　　　發電及供電成本

　　　　　運輸費用

金融業務費用

電信費用

郵務費用

其他營業支出

推銷（或業務）費用

管理及總務費用

(四) 營業外支出:

財務支出

整理支出

其他營業外支出

三、盈餘分配科目:

(一) 盈餘之部:

本年度盈餘

歷年積盈

退回所得稅

(二) 分配之部:

中央政府所得:

所得稅

股息

紅利

地方政府所得

所得稅

股息

紅利

轉投資事業機關所得:

股息

　　　　　　　紅利

　　　　　　民法團股股東所得：

　　　　　　　股息

　　　　　　　紅利

　　　　　　留存事業機關：

　　　　　　　填補歷年虧損：

　　　　　　　　累積虧損

　　　　　　　減：尚未填補數

　　　　　　　　　撥用公積

　　　　　　　法定公積

　　　　　　　特別公積

　　　　　　　資本公積

　　　　　　　未分配盈餘

　　　　　　國外分支機構所在地繳納所得稅

四、虧損填補科目：

　　(三) 虧損之部

　　　　　本年度虧損

　　　　　歷年積虧

　　(四) 填補之部

　　　　　事業機關負擔：

　　　　　　撥用未分配盈餘

　　　　　　撥用公積

　　　　　　待填補之虧損

五、資金運用科目

　　(一) 資金來源

　　　　　本年度直接撥用之盈餘：

事業存留之盈餘

減: 歷年積盈併入本年度分配數

固定資產之減少

基金長期墊款及投資之收回

其他資產之減少

長期債務之舉借

其他負債之增加

資本及資本公積之增加

存款及滙款之增加

放款及買滙之減少

營運資金之淨減 (如爲淨增, 列爲資金用途)

(二) 資金用途

本年度直接負擔之虧損:

事業負擔之虧損

減: 歷年積虧併入本年度塡補數

固定資產之增加

基金長期墊款及投資之支出

其他資產之增加

長期債務之償還

其他負債之減少

資本及資本公積之減少

存款及滙款之減少

放款及買滙之增加

營業基金會計報表

玆就國營事業綜合決算應用之資產負債綜計表, 損益綜計表, 盈虧撥補綜計表, 資金運用綜計表等格式, 列擧如下:

圖 7-1

全部國營事業

資產負債綜計表　（依年度增減比率分列）

中華民國　年　月　日

科　　　目			本 年 度 決 算		上 年 度 決 算		比較增減
符　號	名　　　稱		金　　額	%	金　　額	%	%

圖 7-2

全部國營事業

損益綜計表　（依年度收支科目分列）

中華民國　　年度

上年度決算		本年度決算與上年決算增　減　%	科　　　目		本年度決算		本年度預算		比較增
金　額	%		符　號	名　　　稱	金　額	%	金　額	%	減　%

圖 7-3

全部國營事業

盈虧撥補綜計表　（依撥補科目年度增減比率分列）

中華民國　　年度

上年度決算		科　　　目		本年度決算		本年度預算		比較增減
金　　額	%	符　號	名　　　稱	金　　額	%	金　　額	%	%

圖 7-4

全部國營事業

資金運用綜計表　（依年度增減比率分列）

中華民國　　年度

科　　　目			本 年 度 決 算		本 年 度 預 算		比較增減%
符　號	名　　　稱		金　　額	%	金　　額	%	

非營業循環基金會計

　　會計法所稱之非營業循環基金，相當於第三章中所述之自給自足基金。前曾述及自給自足基金，以處理保養中心與材料倉庫事項最爲普遍。惟我國政府集中採購與集中供應制度尙未建立，故此類基金，尙少設置。僅於監所或慈善機關中，附設各種生產作業時應用之。

　　監所作業預算，最初係以附屬單位預算方式，彙列於國營事業綜合預算。嗣後改以收支併列方式，納入國家總預算，但事實上，仍採商業會計原則，得不受預算之拘束，亦尙能保持附屬單位預算原有之彈性。

監所作業基金會計科目

　　監所作業基金會計科目，大體沿用生產事業會計科目，其分類名稱如下:

　　一、資產:

　　　　(一) 流動資產:

　　　　　　庫存現金

　　　　　　銀行存款

　　　　　　公庫存款

　　　　　　週轉金

　　　　　　應收帳款

　　　　　　　備抵呆帳

　　　　　　應收收益

　　　　　　其他應收款

　　　　　　短期墊款

　　　　　　材料

在產品

成品

預付購料款

預付工程及設備款

預付費用

(二) 固定資產

土地

房屋及設備

備抵房屋折舊

機器及設備

備抵機器折舊

什項設備

備抵什項折舊

(三) 其他資產

存出保證金

三、負債:

(一) 流動負債

短期借款

應付帳款

應付薪工

應付費用

代收款

其他應付款

預收定金

其他預收款

(二) 其他負債

存入保證金

三、淨值

　(一) 資本:

　　　中央政府資本

　(二) 公積及盈虧:

　　　資本公積

　　　法定公積

　　　特別公積

　　　累積盈虧

　　　前期損益

　　　本期損益

四、收入

　(一) 營業收入

　　　銷貨收入

　　　　銷貨退回及折讓

　　　修造收入

　　　加工收入

　　　其他勞務收入

　(二) 營業外收入

　　　利息收入

　　　盤存盈餘

　　　出售資產盈餘

　　　前期收入

　　　雜項收入

五、支出

　(一) 營業支出:

　　銷貨成本

　　修造成本

　　加工成本

　　其他勞務成本

　　間接生產費用

　　　已分配間接生產費

　　低額分配間接生產費

　　推銷費用

　　管理及總務費用

（二）營業外支出:

　　利息支出

　　存貨跌價損失

　　前期支出

　　非常損失

　　雜項支出

監所作業基金會計報表

　　監所作業基金會計之分錄方法及會計報告之內容，與一般生產事業會計同，玆不贅述。

特 賦 基 金 會 計

　　會計法中所稱之特賦，相當財政收支劃分法中之工程受益費。市縣工程受益費征收條例，頒行於民國五十一年，為時未久，特賦征收，尚非普遍。完備的特賦基金會計制度，迄未建立。近年以來，臺灣省公路建設，為籌措資金，始有收費公路規則的訂定。關於收費公路之投資，與公路建設基金的籌設與運用等會計事務，復有公路建設

基金制度之設計。此一基金會計，雖未具特賦基金的全貌，但察其性質，自屬特賦基金會計之範圍。

公路建設基金，於民國五十五年度方具法定預算。依預算說明，共編列方式，特徵有二：第一，基金所為養護管理利息等支出，均視同已辦事業的繼續投資，一併計入原投資額內收費，亦卽基金祇有投資與再投資，而無費用開支。第二，基金投資事業的收費，以收足投資額為限，所有通行費收入，在投資額度內者，以收回投資科目處理，如有溢收，列為基金的增加。

公路建設基金的代表性事項

玆設定模範省公路建設基金發生事項如下：

HW- 1.　收到普通基金撥款存入專戶 $ 100,000。

HW- 2.　政府以收費公路撥歸本基金承受，核計成本 $ 80,000。

HW- 3.　收到預收款 $ 1,000，暫收款 $ 4,000。

HW- 4.　舉借長期借款 $ 50,000，短期借款 $ 10,000。

HW- 5.　貸與公私機關團體築路貸款 $ 30,000，墊付公路局代本基金興建收費公路工程費用 $ 40,000

HW- 6.　收費公路橋樑與停車場之投資 $ 85,000

HW- 7.　收到客運業因路面等級變更，仍照原級計費，其溢收票價，繳歸本基金 $ 9,000，

HW- 8.　收到非本基金經營的收費公路，於收費年度終了時，其溢收通行費，繳歸本基金 $ 4,000

HW- 9.　收到捐助及贈與收入 $ 7,000。

HW-10.　收到公路橋樑等通行費與停車場收入 $ 58,640。

HW-11.　收到利息收入 $ 1,360，其他收入 $ 2,000。

HW-12.　預付各項費用 $ 1,500。

HW-13. 年終查明應收未收之客運溢收票價收入$2,200，溢收通行
費收入 $ 560。

HW-14. 年終查明應收未收利息 $ 40。

記載假設事項的總分類帳分錄

下列分錄，係記載假定事項的總分類帳應有的分錄。

事　項 HW-1

| 專戶存款 | $ 100,000 | |
| 府撥基金 | | $ 100,000 |

此一分錄係記載由普通基金撥款，存入專戶以設置本基金。

事　項 HW-2

| 公路投資 | $ 80,000 | |
| 府撥基金 | | $ 80,000 |

此一分錄係記載政府以收費公路撥歸本基金承受，按成本列爲本
基金之投資，一面增加基金餘額。如爲由本基金興建或購入者，參見
事項 HW-6 之分錄。

事　項 HW-3

專戶存款	$ 5,000	
預收款項		$ 1,000
暫收款項		4,000

此一分錄係記載收到預收款與暫收款。

事　項 HW-4

專戶存款	$ 60,000	
長期借款		$ 50,000
短期借款		10,000

此一分錄係記載舉借長期借款與短期借款，償還時應爲相反之分
錄。

事　項 HW-5

築路貸款	$ 30,000	
築路墊款	40,000	
專戶存款		$ 70,000

此一分錄係記載貸與公私機關團體築路貸款，與墊付公路局代本基金興建收費公路工程費用。收回時應為相反之分類。

事 項 HW-6

公路投資	$ 85,000	
專戶存款		$ 85,000

此一分錄係記載收費公路橋樑與停車場之投資。此項投資，無論是由本基金付款購入或付款興建者均同。又其後支付之養護費，收費站管理費，與借款利息亦視同繼續投資。

事 項 HW-7

專戶存款	$ 9,000	
客運溢收票價收入		$ 9,000

此一分錄係記載客運業因路面等級變更，仍照原級計費，其溢收票價，繳歸本基金之收入。

事 項 HW-8

專戶存款	$ 4,000	
溢收通行費收入		$ 4,000

此一分錄係記載非本基金經營之收費公路，於收費年度終了時，其溢收通行費，繳歸本基金之收入。

事 項 HW-9

專戶存款	$ 7,000	
捐助與贈與收入		$ 7,000

此一分錄係記載捐助及贈與收入。

事 項 HW-10

專戶存款	$ 58,640	
投資收回		$ 58,640

此一分錄係記載公路橋樑等通行費與停車場收入，作為投資收回處理。

事 項 HW-11

專戶存款	$ 3,360	
利息收入		$ 1,360
其他收入		2,000

此一分錄係記載利息收入或其他收入。

事 項 HW-12

預付款項	$ 1,500	
專戶存款		$ 1,500

此一分錄係記載預付各項費用。

事 項 HW-13

應收款項	$ 2,760	
客運溢收票價收入		$ 2,200
溢收通行費收入		562

此一分錄係年終查明應收未收之客運溢收票價收入，或溢收通行費收入。即收入帳目，平時採行現金制，年終轉換為應計制之記錄。

事 項 HW-14

應收款項	$ 40	
利息收入		$ 40

此一分錄係年終查明應收未收之利息收入。亦為年終調整帳目之性質。

事項的過帳

上述分錄，過入總分類帳情形，有如下列T帳戶所示。此係根據假定事項，解答每一筆帳目的過記。

專 戶 存 款

(HW- 1)	$ 100,000	(HW- 5)	$ 70,000
(HW- 3)	5,000	(HW- 6)	85,000
(HW- 4)	60,000	(HW-12)	1,500
(HW- 7)	9,000		
(HW- 8)	4,000		
(HW- 9)	7,000		
(HW-10)	58,640		
(HW-11)	3,360		

府 撥 基 金

	(HW-1)	$ 100,000
	(HW-2)	80,000

預 收 款 項

	(HW-3)	$ 1,000

暫 收 款 項

	(HW-3)	$ 4,000

公 路 投 資

(HW-2)	$ 80,000
(HW-6)	85,000

長 期 借 款

	(HW-4)	$ 50,000

短 期 借 款

	(HW-4)	$ 10,000

投 資 收 回

	(HW-10)	$58,640

客運溢收票價所入

(C-1)	$ 11,200	(HW- 7)	$ 9,000
		(HW-13)	2,200

築 路 貸 款

(HW-5)	$ 30,000

溢收通行費收入

(C-1)	$ 4,4560	(HW- 8)	$ 4,000
		(HW-13)	560

築 路 墊 款

(HW-5)	$ 40,000

捐助與贈與收入

(C-1)	$ 7,000	(HW-9)	$ 7,000

應　收　款　項	
(HW-13) $ 2,760	
(HW-14) 40	

利　息　收　入	
(C-2) $ 1,400	(HW-11) $ 1,360
	(HW-14) 40

預　付　款　項	
(HW-12) $ 1,500	

其　他　收　入	
	(HW-11) $ 2,000

本　期　剩　餘	
(C-3) $ 3,400	(C-2) $ 3,400

基　金　累　積	
	(C-1) $ 22,760

投　資　剩　餘	
	(C-3) $ 3,400

結帳分錄

　　年終結帳分錄，見下列的分錄 C，至過入 T 帳戶之情形，已見上示帳式。

C-1

客運溢收票價收入	$ 11,200	
溢收通行費收入	4,560	
捐助與贈與收入	7,000	
基金累積		$ 23,760

　　上項分錄係將客運溢收票價收入，溢收通行費收入，及捐助與贈與收入，轉入基金累積帳戶。

C-2

利息收入	$ 1,400	
其他收入	2,000	
本期剩餘		$ 3,400

　　上項分錄係將利息收入，及其他收入，轉入本期剩餘帳戶，

C-3

本期剩餘	$ 3,400	
投資剩餘		$ 3,400

上項分錄係將本期剩餘轉入投資剩餘帳戶。

公路建設基金會計報表

　　根據上述資料，編製平衡表，並附列投資增減表，收入累計表，及基金淨額增減表格式如下：

圖 7-5

模　範　省

公　路　建　設　基　金

平　衡　表

中華民國　　年　　月　　日

資　產			負　債		
專戶存款		$ 90,500	短期借款		$ 10,000
應收款項		2,800	暫收款項		4,000
築路墊款		40,000	預收款項		1,000
預付款項		1,500	長期借款		50,000
築路貸款		30,000	基金淨額		
公路投資	$ 165,000		府撥基金		180,000
減：投資收回	58,640	106,360	基金累積		22,760
			投資剩餘		3,400
		$ 271,160			$ 271,160

圖 7-6

模　範　省

公　路　建　設　基　金

公　路　投　資　增　減　表

中華民國　　年　　月　　日

科　　　　目	摘　　　要	原投資額	增　加　投　資　額			投　　資 收　回　額	未收回之 投　資　額
			養護費	管理費	利息支出		

圖 7-7

模　範　省

公　路　建　設　基　金

基　金　收　入　累　計　表

中華民國　　年　　月份

科　　　　目	摘　　　要	本月實收數	本年累計實收數	尚未實收之本年預計收入額

圖 7-8

模　範　省

公　路　建　設　基　金

基　金　淨　額　增　減　表

中華民國　　年度

科　　　　目	上期淨額	本期增加	本期減少	本期淨額	備　　註
府　撥　基　金					
基　金　累　積					
投　資　剩　餘					
合　　　　計					

信 託 基 金 會 計

　　我國信託基金，目前以公務人員保險基金，與勞工保險基金，較爲重要。民國四十七年一月二十九日公布公務人員保險法，依該法之規定，公務員保險以銓敍部爲主管機關，業務則由中央信託局辦理，並負承保盈虧責任。又依四十七年七月二十一日公布之勞工保險條例之規定，各省（市）政府設置勞工保險局爲保險人，專責辦理勞工保險業務。但此等保險基金業務資料，均由承保人以營業會計或事業會計方式，而非純以信託基金會計方式處理。此外司法行政部所屬各級

法院所收保證金爲數亦鉅，論其性質，亦屬信託基金之範疇，惟未專設基金會計，而係併入普通公務歲入類單位會計設一保管款科目處理而已。其他公務機關所收保證金等，亦復如此。

　　中央信託局爲辦理公務人員保險，特設公務人員保險處。中央信託局本身爲一附屬單位會計，而公務人員保險處之辦理公務人員保險，則爲附屬單位會計之分會計。茲以中央信託局附屬單位會計公務人員保險分會計爲例，略述現行信託基金會計程序之一斑。

公務人員保險基金的代表性事項

　　茲設定公務人員保險分會計，年度開始時總分類帳各科目餘額如下：

公務人員保險基金
平　衡　表
會計年度開始時

資　產		負債與準備	
銀行存款	$ 54,000	應付給付—現金給付	$ 48,000
應收保費	200,000	應付給付—醫療支出	$ 260,000
應收款—掛號費	$ 50,000	公保責任準備	$ 1,800,000
應收款—證券息	4,000		
公保責任準備金	1,800,000		
	$ 2,108,000		$ 2,108,000

　　在一月份內發生下列事項：

SI-1　收到一月份保費收入 $ 430,000，醫療掛號收入 4,500。

SI-2　收到應收保費 $ 140,000。

SI-3　收到預繳二月份保費 12,000。

SI-4　收到應收掛號費 $ 50,000。

SI-5　支付一月份核定死亡、殘廢、離職、養老、及眷屬喪葬津貼等現金給付 $ 183,000，其中養老給付 $ 35,000。

SI- 6　　支付應付現金給付＄40,000。

SI- 7　　支付一月份核定免費醫療發生之疾病、生育、傷害，及自墊
　　　　　醫療費用等＄170,000。

SI- 8　　支付特約醫院爲增建病房擴充設備請求預借醫療費用
　　　　　＄100,000。

SI- 9　　支付應付醫療支出＄46,000。

SI-10　　收到應收證券息＄4,000。

SI-11　　月終查明應收保費＄72,000，應收掛號費＄1,800，應收證
　　　　　券息＄4,200。

SI-12　　月終查明應付現金給付＄68,000，應付醫療支出＄3,900。

SI-13　　月終按保費收入總額＄502,000 提存10％充養老準備。並按
　　　　　當月證券收益總額＄4,200 悉數提存準備。

SI-14　　參照公保責任準備,本月淨增加之數額＄19,400，提作基金。

記載假設事項的總分類帳分錄

下列分錄，係記載上述假定事項的總分類帳應有的分錄。

事　項 SI-1

銀行存款	＄434,500	
保費收入		＄430,000
醫療掛號收入		4,500

此一分錄係記載一月份收到當月之保費收入，與醫療掛號收入。

事　項 SI-2

銀行存款	＄140,000	
應收保費		＄140,000

此一分錄係記載收到以前月份應收保費。

事　項 SI-3

銀行存款	＄12,000

　　　預收保費　　　　　　　　　　$12,000

　　此一分錄係記載收到預繳二月份保費。迨至二月份開始時轉入**保費收入帳戶**，卽借記預收保費，貸記**保費收入。**

事　項 SI-4

銀行存款　　　　　　　$ 50,000
　應收款—掛號費　　　　　　　$ 50,000

　　此一分錄係記載收到以前月份應收未收掛號費。

事　項 SI-5

現金給付　　　　　　　$ 183,000
　銀行存款　　　　　　　　　　$ 183,000
公保責任準備　　　　　$ 35,000
　收回提存公保責任準備　　　　$ 35,000

　　此二分錄，前者係記載支付一月份核定死亡、殘廢、離職、養老、及眷屬喪葬津貼等現金給付。後者係記載就其中養老給付部分爲收回準備之記錄。此項收回準備之記錄，得於月終一次彙記。

事　項 SI-6

應付給付—現金給付　　$ 40,000
　銀行存款　　　　　　　　　　$ 40,000

　　此一分錄係記載支付以前月份應付之現金給付。

事　項 SI-7

醫療支出　　　　　　　$ 170,000
　銀行存款　　　　　　　　　　$ 170,000

　　此一分錄係記載支付一月份核定免費醫療發生之疾病，生育、傷害、及自墊醫療費用等。

事　項 SI-8

預付款　　　　　　　　$ 100,000
　銀行存款　　　　　　　　　　$ 100,000

　　此一分錄係記載支付特約醫院爲增建病房或擴充設備請求預借醫療費用，此項預付款於扣回時，借記醫療支出或應付給付，貸記預付

款。

事　項 SI-9

應付給付—醫療支出	$ 46,000	
銀行存款		$ 46,000

此一分錄係記載支付以前月份應付未付之醫療支出。

事　項 SI-10

銀行存款	$ 4,000	
應收款—證券息		$ 4,000

此一分錄係記載收到以前月份應收未收之證券息。

事　項 SI-11

應收保費	$ 72,000	
應收款—掛號費	1,800	
應收款—證券息	4,200	
保費收入		$ 72,000
醫療掛號收入		1,800
證券收益		4,200

此一分錄係記載月終應收未收各項收入。

事　項 SI-12

現金給付	$ 68,000	
醫療支出	3,900	
應付給付—現金給付		$ 68,000
應付給付—醫療支出		3,900

此一分錄係記載月終應付未付各項支出。

事　項 SI-13

提存公保責任準備	$ 54,400	
公保責任準備		$ 54,400

此一分錄係記載月終根據保費收入總額 $502,000，提存 10％的公保責任準備，並按每月證券收益總額 $ 4,200，悉數提存公保責任準備之彙總記錄。

事　項 SI-14

公保責任準備基金	$ 19,400	
銀行存款		$ 19,400

　　此一分錄係記載月終參照公保責任準備本月淨增之數提存基金。

事項的過帳

　　上述分錄，過入總分類帳情形，有如下列 T 帳戶所示。此係根據假設事項，解答每一筆帳目的過記。

	銀 行 存 款		
（餘額）	54,000	(SI- 5)	183,000
(SI- 1)	434,500	(SI- 6)	40,000
(SI- 2)	140,000	(SI- 7)	170,000
(SI- 3)	12,000	(SI- 8)	100,000
(SI- 4)	50,000	(SI- 9)	46,000
(SI-10)	4,000	(SI-14)	19,400

	應付給付—現金給付		
(SI-6)	40,000	（餘額）	48,000
		(SI-12)	68,000

	應付給付—醫療支出		
(SI-9)	46,000	（餘額）	260,000
		(SI-12)	3,900

	應 收 保 費		
（餘額）	200,000	(SI-2)	140,000
(SI-11)	72,000		

	預 收 保 費		
		(SI-3)	12,000

	應收款—掛號費		
（餘額）	50,000	(SI-4)	50,000
(SI-11)	1,800		

	公保責任準備		
(SI-5)	35,000	（餘額）	1,800,000
		(SI-13)	54,400

	應收款—證券息		
（餘額）	4,000	(SI-10)	4,000
(SI-11)	4,200		

	保 費 收 入		
(C-1)	502,000	(SI-1)	430,000
		(SI-11)	72,000

預　付　款			
(SI-8)	100,000		

公保醫療掛號收入			
(C-1)	6,300	(SI-1)	4,500
		(SI-11)	1,800

公保責任準備基金			
(餘額)	I,800,000		
(SI-14)	19,400		

證　券　收　益			
(C-1)	4,200	(SI-11)	4,200

現　金　給　付			
(SI-5)	183,000	(C-2)	251,000
(SI-12)	68,000		

收回提存公保責任準備			
(C-1)	35,000	(SI-5)	35,000

醫　療　支　出			
(SI-7)	170,000	(C-2)	173,900
(SI-12)	3,900		

本　期　損　益			
(C-2)	479,300	(C-1)	547,500

提存公保責任準備			
(SI-13)	54,400	(C-2)	54,400

結帳分錄

　　月終結帳分錄，見下列的分錄C，至過入T帳戶之情形，已見上示格式。

	C-1	
保費收入	$ 502,000	
公保醫療掛號收入	6,300	
證券收益	4,200	
收回提存公保責任準備	35,000	
本期損益		$ 547,500

上項結帳分錄係將各項收入科目餘額，轉入本期損益。

C-2

本期損益	$ 479,300	
現金給付		$ 251,000
醫療支出		173,900
提存公保責任準備		54,400

上項結帳分錄係將各項支出科目餘額，轉入本期損益。

迨下期開始日，可將本期損益科目餘額，結轉前期損益，即借記本期損益 $ 68,200，貸記前期損益 $ 68,200。

關於公保責任準備基金之運用孳息，依現行制度規定，係另行設帳處理。故公保責任準備基金資產之實際型態，應為有價證券，應收利息，土地，房屋建築，或設備等。

公務人員保險基金會計報表

根據上述資料，編製平衡表，損益表，並附列公保給付月報表，公保責任準備提存及運用表等格式如下：

圖 7-9
公務人員保險基金
平　衡　表
中華民國　　年1月31日

資　産		負債與餘額	
銀行存款	$ 136,100	應付給付—現金給付	$ 76,000
應收保費	132,000	應付給付—醫療支出	217,900
應收款—掛號費	1,800	預收保費	12,000
應收款—證券息	4,200	公保責任準備	1,819,400
預付款	100,000	本期剩餘	68,200
公保責任準備金	1,819,400		
	$ 2,193,500		$ 2,193,500

圖 7-10

公務人員保險基金

損　益　表

中華民國　　年 1 月份

收入:			
保費收入	$ 502,000		
公保醫療掛號收入	6,300		
證券收益	4,200		
收回提存公保責任準備	35,000	$ 547,500	
支出:			
現金給付	$ 251,000		
醫療支出	173,900		
提存公保責任準備	54,400	479,300	
本期剩餘		$ 68,200	

圖 7-11

公務人員保險基金

公務給付月報表

中華民國　　年　　月份

科　　　目	本月份支出數	%	本年度累計數	%	備　　　註
醫療支出:					
生　育					
疾　病					
傷　害					
小　計					
現金給付:					
死　亡					
殘　廢					
眷屬喪葬					
養　老					
離職退費					
小　計					
合　計					

圖 7-12
公務人員保險基金
公保責任準備提存及運用表
中華民國　　年1月份

年 度 (1)	收　入　金　額			給付支出 (3)	提存責任準備餘額 (4)	運用情形		實存數額 (4)-(5)
	提　存	利　息	合　計 (2)			摘要	金額 (5)	

結　　論

　　政府之一般公務機關，端賴強制征課，以支持其提供免費服務所需之支出。故普通基金或特別所入基金之歲入與歲出，兩者殊乏關聯。公務機關支出之應以經費控制，旨在防止超支，避免虧絀。但政府提供特定之服務，亦有收取相當代價者，諸如營業機關，事業機關，作業組織等均是。而其費用：係以所入控制，以期收回成本，自給自足。有時縱使旨在牟利，或蓄意虧絀，其盈餘或不足之數，則另由普通基金收受或負擔。會計法稱營業機關，事業機關，作業組織等本身之會計，為附屬單位會計，以別於公務機關單位會計。

　　營業機關之營業基金，事業機關之事業基金，作業組織之營業基金，事業基金，或非營業循環基金，均適用商業會計原則。會計科目與報表，亦均與一般商業會計，無大差別。

　　特賦基金之列為附屬單位會計者，乃因工程受益費之征收，係基於特殊報償原則，可謂為成本之收回，而與一般賦稅之征課不同，故應設置單獨的會計個體處理。

　　信託基金會計，亦為附屬單位會計之一種。蓋政府以受託人或保管人身份持有之信託資產，係依據委託人之契約規定，為收支之處理。自不宜於契約規定外，另以核定經費方式，予以任何限制。

問 題 與 習 題

1. 何謂公有營業機關？何謂公有事業機關？何謂作業組織？
2. 現行營業基金會計，其資產負債科目如何分類？損益科目如何分類？
3. 當前國營事業機關之盈餘分配與虧損塡補科目如何規定？
4. 資金運用科目，與資產負債及盈虧撥補各科目之關係若何？
5. 試列舉國營事業綜合決算應用的主要統計表之名稱與格式。
6. 非營業循環基金以收支併列方式納入國家總預算？試就政府會計立場，評論其利弊得失。
7. 臺灣省公路建設基金，其性質若何？預算的特徵又若何？
8. 公路建設基金的主要報表有幾？其表達公路投資與基金淨額的動態報表格式各若何？
9. 略述我國主要的信託基金各種不同的會計處理方式。
10. 公務人員保險基金之性質，何以屬於附屬單位會計之分會計。
11. 某國營事業公司，資本額爲一千萬元，中央政府股本佔60%，地方政府佔30%，民法團股東佔10%，某年度決算，獲純益＄1,684,546元，盈餘分派案，業經股東會決定原則如下：

 (1) 依法定稅率，繳納所得稅。
 (2) 提10%之法定公積。
 (3) 提20%之擴充改良準備。
 (4) 依年利6厘撥付股息。
 (5) 依年利 2.5厘分配股東紅利。
 (6) 上年度未分配盈餘 ＄ 126,428，併入分配。
 (7) 餘額轉入下年度。

 試根據上述資料，編製盈餘分配表，股息紅利按股權分別列明。

12. 下面是某監所作業基金年終整理後各帳目餘額，損益帳目附有預算數，資產負債帳目附有上期數。試據以編製損益表與平衡表，並應列比較增減及百分比欄：

		預算數
銷售收入	＄ 101,276	＄ 96,000
營業外收入	2,918	3,200
銷售成本	＄ 49,166	57,600
推銷費用	13,224	14,400
管理及總務費用	6,052	7,200
營業外支出	4,558	3,200
		上期數
庫存現金	1,878	1,294
公庫存款	17,976	2,724

應收帳款	$ 16,762		$ 20,862
備抵呆帳		$ 336	4,172
有價證券	1,408		284
預付定金	11,270		8,450
短期墊款	2,824		7,356
存貨	167,312		145,164
附屬企業投資	10,000		10,000
產業及設備	17,508		15,608
備抵折舊		1,750	1,560
開辦費	4,252		2,252
非常損失	6,436		8,436
應付帳款		11,208	17,132
應解政府款		19,246	4,000
應付費用		7,406	10,890
預收收益		2,734	6,940
長期借款		20,000	0
代收款項		1,172	4,302
暫收款項		2,970	660
政府資本		92,000	92,000
法定公積		67,610	64,490
	$ 330,626	$ 330,626	

13. 某鄉風景秀麗，每逢假日，遊人如織，惟交通不便，鄉公所為便利行旅，開發觀光事業，擬先從興築道路與停車場入手。經鄉民代表會決議全部工程費及利息等開支約計一百萬元，向臺灣銀行訂立透支合約，成立觀光開發基金，借款本息，俟道路與停車場完工後，收費歸還。預計十年內即可清償。借款還清後，立即停止征收。 下面是某鄉觀光開發特賦基金第一年發生事項：

(1) 工程計劃及借款利息預算 $ 1,000,000, 已奉核定。並與臺灣銀行訂立透支合約，額度 $ 1,000,000, 約定利率月息一分。

(2) 道路與停車場工程,經與興紀營造廠訂約,包價$800,000,第一期工程款 $160,000,簽發臺銀透支戶支票。

(3) 接臺灣銀行通知上期利息 $ 8,000, 已入本鄉公所之帳戶。

(4) 支付第二期工程款 $ 240,000, 簽發臺銀透支戶支票。

(5) 部分道路業已完工, 即開始徵收通行費及停車費。 本年內收到通行及停車費收入 $ 25,000, 送存臺銀透支戶。

(6) 接臺灣銀行通知下期利息 $ 13,880, 已入本鄉公所之帳戶。

第二年接續發生事項:

(7) 支付第三期工程款 $ 320,000, 簽發臺銀透支戶支票。

(8) 本年一至六月份通行及停車費收入 $ 36.800, 送存臺銀透支戶。

(9) 接臺灣銀行通知上期利息 $ 42,650, 已入本鄉公所之帳戶。

(10) 全部道路與停車場工程業已完工驗收, 末期工款 $ 80,000簽發臺銀透支戶支票。

(11) 本年七至十二月份通行及停車費收入 $ 46,600, 送存臺銀透支戶。

(12) 接臺灣銀行通知下期利息 $ 47,620, 已入本鄉公所之帳戶。

　　試根據上項資料參照本章及第三章特賦基金科目作成應有之分錄, 包括年終結帳分錄。並編製第一年終了與第二年終了之平衡表。

14. 某地方法院所收各項保證金, 為數甚鉅。 為免與歲入類帳目混淆起見, 經呈准上級核定, 從歲入類帳目中劃出, 另設信託基金處理。 下面是該保證金基金開帳及第一個月發生的事項:

(1) 從歲入類單位會計保管款科目中所收之保證金 $ 256,000, 劃出成立保證金基金。同時另有提供保證用的有價證券 $ 100,000, 原來祇有備忘記錄者, 亦一併正式入帳。

(2) 發還保證金 $ 50,000。

(3) 發還供保證用之有價證券 $ 25,000。

(4) 收到保證金 $ 40,000。

(5) 收到供保證用之有價證券 $ 10,000。

　　試根據上項資料作成應有之分錄, 並編製平衡表。

第八章　政府與其他非營利組織會計評估

政府與其他非營利組織之經營，在於提供服務。而營利企業之經營，則在實現利潤。由於政府與其他非營利組織，難以求得關於達成服務目標的價值數字之衡量，故極大部分的會計人員，祇以財務報告表達貨幣責任，即認為滿意。

本章係評估當前政府與其他非營利組織之會計實務，以尋求答復下列兩項問題：

1. 政府與其他非營利組織的財務報告中，需否兼顧經營責任與貨幣責任之表達？

2. 倘若接受經營責任的概念，在會計實務上應作若何之修正？

會計報告表達經濟單位的經營成績與財務地位。在會計實務的主要評估中，第一步要決定何種資料為關係團體認為有用者。然後就此項資料作實用性的試驗。會計實務應在實用性的限度內，對關係團體提供有用的情報。

報 告 的 要 求

為了決定政府與其他非營利組織應否將經營責任與貨幣責任表達於財務報告，本章尋求解決在此等組織中何者為關係團體人員所需的財務情報。所謂關係團體，包括內部的與外在的管理機關，贊助人，顧客或服務使用者，一般公眾，與債權人等。

管理機關所需的情報

外在的管理機關 External Management Group (例如，議會，與董事會 Board of Trustees 之類)，其主要的責任是決定政策與審議計劃。此外，希望評估內部管理效能，並觀察該項組織是否以有效的行動達成其目標。

倘若要評斷效能，則財務資料的結構，應盡可能的表現成就 Achievements (以提供服務的詞語衡量) 與努力 Efforts (以經營支出的詞語衡量) 間的關係。由於達成預期結果的能力，係與可用資源直接關聯，故表現此種資料之報表，亦應包含在財務報告之列。

非營利組織的內部管理所需的情報，與外在管理所需者類同，加以補充的明細分析，以輔成外在管理機關議定計劃之實現。

贊助人所需的情報

非營利組織的贊助人，包括貢獻時間或貢獻資源而不收受相當有形利益的一切直接支助組織的人。此種團體甚為重要，蓋其為許多非營利組織主要的支助來源。贊助人的支助，要視特定社會所需服務的意願來激發。捐資人所關心者，為答復下列諸問題:

1. 組織提供的服務，是否為社會團體利益所需要？
2. 組織策劃的服務量，是否切合需要？
3. 組織提供的服務，是否有效？
4. 組織使用其資源，是否符合計劃之目的？

會計資料對於答復第三與第四兩項問題，最有幫助。

組織的贊助人，必須尋求衡量每元費用或支出的服務利益，作為評估效率之助。例如，在大專院校之場合，如其教育服務的價值，果能以數量表達於財務報表之中，則將大有裨益。顯然的，現在的知識，尚不能使會計人員蒐集此類資料。可是提供此種服務的成本是可以計算的，而支出或費用之按職能區分 (依其所由發生之目的)，以

提供若干的數量衡量。此類情報，可附以非貨幣數量的資料，藉以充分表達經營的實績。因之，職能別的成本分配，附以適當的非貨幣數量的資料，當能幫助提供評斷經營效能的若干依據。

為期有助於問題的答復，捐資人亦需要關於其捐款成為服務成本的情報。例如，間接費之高，不一定是效能之低；但與其他成本一併考慮，當便於對效能作更明智的評斷。捐資人需要明瞭一個組織是否將其資源用於員工的福利方面過多，而不注意其服務目標之成就。所以組織的財務報告，應着重間接費的因素。

贊助人團體之一員，大體需要與外在管理機關所需同樣的財務情報。但為了對贊助人更為有用起見，財務報告應特別注重捐款使用於服務成本上。此外，供給贊助人的資料，應簡明扼要的強調較為重大的財務效果。

其他關係團體所需的情報

當提供服務僅為因應有效需求的場合時，組織對其顧客的責任，與營利事業之責任甚為相似。但其主要的差別是，非營利組織在於實現其宏遠之宗旨不求利潤。服務的使用者有權評斷此項宗旨是否切實做到。因而有權取得組織經營效能的情報，作為評斷是否因效能低微以致收費過高之助。故賴收費經營的非營利組織，必須準備詳細說明其收費之合理。其編印的財務報告，應包含幫助關係機關判斷其收費合理與否之情報。

一般公衆透過其管理團體，對政府與其他非營利組織遂行其特定權利。公衆主要的係以會計為工具，以控制與評估組織效益的分布。例如，慈善機關包含的一切財務資料，而能幫助公衆評估組織的狀況及其對社會現在與潛在的貢獻者，必須表達於對公衆的報告之中。慈善事業應就下列各項問題尋求答復的資料，備供公衆評估非營利組織

時所需之考慮。

　　1. 爲何種當事人做何種事？

　　2. 從何處獲得其所入？

　　3. 接受濟助的效益如何？

　　答復上述的問題，部分是現在尚未能使用數量資料提供衡量；部分是屬於品質的評斷。會計人員負責供給情報，要能幫助公衆答復此類問題。但其職責係以表達與解釋相當客觀的數量資料爲限。公衆或民意代表，必須依照一切可用的資料，自行作數量的評估。

　　公衆與贊助人的明智的取決，可以使經營中的非營利組織，減少許多不必要的唇舌。較佳的數量資料，有裨於控制捐款的活期，並樹立信譽與保持計劃效益於不墜，將增進所有團體對會計報告的依賴。

　　政府與其他非營利組織債權人所需的財務情報，祇有少數例外，大體係與營利企業債權人所需者相同。但貸款給非營利組織的機關，通常必須依賴現金流徑 Cash-flow 的資料，以評估一組織的信用地位，至其經營情報，尚非必需。

客觀性與一貫性

　　財務報表的資料，必須力求客觀與一貫，期能爲所有關係團體普遍利用。倘若任一團體所需的資料稍涉偏頗，則對其他團體勢將毫無用處。

　　應用一種報表與另一報表比較的技術，也許是可用於評估一個組織財務資料最簡單的分析手段。倘若此項技術可靠，資料的表現必須一貫。財務資料表現之一貫性，對於政府與其他非營利組織關係之重要，實不下於工商企業。

財務報告在有效使用社會資源上之重要性

　　雖然非營利組織無關分配股利與繳納所得稅，但其財務報告較之商業並無遜色，事實上更為重要。在營利事業方面，一個效能低微的組織，由於不能獲利，終將被迫擯斥於商場之外。其能立於不敗之地者，端賴具有競爭性的有效經營之能力。故一個企業摒除政府補貼或其他的外界支持，使其經濟成為更競爭時，則效能的低微，自然難以立足。就經濟總體來說，此種情況殊不值顧慮，蓋此將使經濟更具生產價值，並有裨於公眾享受更佳的生活水準。

　　可是此種自然淘汰的現象，並不見之於政府與其他非營利組織。事實上，當所入祇為計劃的支出而增加時，則一組織每元支出提供服務之情況，可能減少，或較效能更佳者為少。適當的告知贊助人與公眾，能夠防止類此情事發生。故效能的衡量，必須提出一組織提供服務的資料。編製適當的財務報表，表達有關經營責任與貨幣責任之情報，對於非營利組織效能之評估，實為一極端重要之助力。

報告要求總述

　　本書曾經指出非營利組織之為財產信託性質，必須遵行基金個體概念。此項程序，往往導致有多少基金個體即編製多少的報表，而組織的綜合資料則絕無僅有，或者在殊無意義的綜合報表中，為各個基金資料作不合理的綜合。

　　非營利組織的財務報告，應能合乎充分或適當表達的標準或測驗。經營成績表必需有助於財務資料使用者，評斷各該組織效能之依據。

　　平衡表亦甚有裨助，應定期編製，以顯示可用於組織的一切資源。此表應表明管理方面使用資源之權責，並使用兩大分類以達成該項目標。第一類是可由管理方面任意使用的營運資源。第二類則僅可用於限定用途的資源。第一類得再區分為：未指定用途的資產，指定用於一般設施的資產，指定用於輔助事業的資產，與雜項資產，第二

類得再區分爲備用餘額與存儲餘額。

上述報表編製的方式，使基金個體顯示組織財務資料的報表與重要附表成爲一個單元。一組織單位應編的報表如下：

1. 平衡表，用以表明可用於組織的一切資源與負擔。資源之區分，應表明置於其使用之限制。

2. 經營成績表，說明見前。

3. 表明可撥用資源來源與處分之報表。此項報表，與前述所入支出表大體相同。

4. 基金餘額變動表。

以上結論，指出政府與其他非營利組織的會計程序，應有修正之考慮，以便編製上述建議的財務報表。關於如何引進修正的意見，以反映政府與其他非營利組織經營責任必要性的問題，成爲最近三十年來會計界爭論的中心。本章的以下各節，將討論此等爭論的問題。

會 計 基 礎

會計人員均認爲採用應計制會計，足以提供營利企業以最有用的經營成績表。但在政府與其他非營利事業亦能達成相同的結果否？多少年來，會計人員曾經辯論此一問項。爲期求得關於政府與其他非營利個體採行應計制必要性的結論，本節當就正反兩面的意見，加以研究。

建議的原則

政府會計之應採應計制，在多數國家中，已成定論，例如，我國會計法卽規定：「政府會計基礎，除公庫出納會計外，應採權責發生制」。又如美國政府會計與醫院會計專業團體均表示寧採應計制。大專院校會計則建議採修正應計制。政府之應計制並不包括資本項目與

所入項目之劃分。就這一點來說，政府單位所實施會計程序若與充分應計制比較，却酷似修正應計制。

應計制的一般涵義，係指應用此項會計方法，從而認定特定時期的所入是該期間徵獲的所入，而非該期間的現金收入。辨別特定時期的費用是該期間使用材料或勞務效益的支出，而非該期間的現金付出。準是以觀，我國的政府會計，尚非採取純粹的應計制。而在美國的非營利事業會計原則中，唯有醫院報告係採完全應計制。

會計基礎的重要性

為欲衡量與比較財務資料，會計基礎之應用，益形重要。蓋欲衡量一項業務，通常必將涉及特定時期。倘欲作成比較，則比較的資料，亦將涉及同樣的時期。此項考慮，必須確立一認定各組織特定期日權利 Rights 與負擔 Obligations 之基礎。因此，當財務資料的衡量與比較，認為有必要時，則選擇適當的基礎，以認定此等權利與負擔的歸屬時期，亦至重要。在應計制之下，資產的認定，係於未來時期受益的物品或勞務取得之時，資產消逝的認定，係於其未來服務的潛力減退時。負債的認定，係一組織收受物品或勞務成為負擔之時。故在應計制會計之下，所入與費用的衡量，着重徵獲與使用之概念，而非收入與支付的概念。

在另一方面，現金制會計，非至收到現金，不為所入之認定。非至付出現金，不為費用之認定。在嚴格的現金制下，除現金外，別無資產之記錄，亦無負債的反映。此種方法，事實上常須作若干程度的修正。

美國大專院校所建議的修正應計制，就是一種折衷辦法。一般言之，承認費用的應計，而不應計一切所入。再者，在此方法之下，費用的預付却不認為資產。至收益的入帳，係於應收或開發帳單之時。

經費控制與會計基礎

政府與其他非營利組織之採行應計制，其另一特徵，乃在於所入與支出表殊有表達可用於核定經費淨資源之來源與運用之必要。例如，其保持現金制或修正應計制者，無非顯示普通或流動基金之一切資產，應可供核定經費一般業務之使用。而認為應計與預付項目却非可供使用之資產，故應不包含於資產內。

平情而論，普通基金之資產，雖然一般是用於支付負擔，但亦用於其他運轉之途。例如，一個組織可能保持一定數量的用品存貨，迨需要時始發給用於特定業務；此與隨購隨用，並無二致。一筆應計應收項目，可能構成一筆可以任意支配的現金之直接來源。其他應收項目可以抵押借款取得運轉的現金。此等考慮乃引起一問題，卽現金制或修正應計制能否適當的反映經費地位。應計制的採用，能使所編的平衡表更具意義，不必依賴特定資源的辨別，以表達經費的可用資源，而是以劃分產權類屬的方式，來表達可用於經費的餘額。

應計制的功能

現在尚有若干的政府與其他非營利個體，其所編的財務報表，尚不能充分報導所有財務地位與經營成績。效用實屬有限，唯有廣泛使用應計制，才能使報表的編製更具意義。一定期間的經營所入與成本，較之傳統會計更臻確實。卽使應計所入的取決，無關宏旨（例如，支持施政的賦稅），但成本的取決仍極重要，而應計制的採用，使成本計算更為清晰，更具意義。

無論是營利與非營利組織，均在法律與經濟的體制內經營。債權債務同樣重視。每一組織在規定範圍內，均具有組織的名稱，提出訴訟與被訴的權力。因之，特定組織一定時日的權利與負擔，不問其務

力是直接達成利潤的實現，抑或提供服務於社會，都是一樣。

　　現金制或修正應計制之缺點，在營利事業方面早已衆所週知。當此等會計基礎應用於政府與非營利組織時，亦有同樣的缺失。例如，現金制或修正應計制之衡量費用，係於現金付出或因取得物品勞務而發生負債之時，而不是於物品勞務實際耗用於施政之時。同樣地，認定所入，係於現金收入或相等物品收到之時，而不是於服務完成或產品交付之時。故依現金制或修正應計制所編的所入與支出表，係受個體現金出納偶然或蓄意的變異的影響較大，而受實際施政的影響較小。故當解釋——經營成績表時，可能缺乏客觀性，一貫性，與正確性。祇有充分採行應計制會計，才能擴大其影響，使從現金的移動，轉變爲組織發生的更重要的事件。

　　經營成績的適當表達，在於表現特定時期一切資源的取得與使用。並應於取得與使用時予以衡量。此種程序，實爲關係團體評估本機構管理方面特定時期經營任務與實際成就之重要依據。故獲得與使用資源概念之重視，對於適當表現經營成績與表達可用於組織的資源，關係甚爲重要。

會計基礎總述

　　經營責任之表達，必須確實衡量可用於組織的資源與其一定期間之變動。上述分析具見應計制較之政府與其他非營利組織通常所採用的現金制或修正現金制，更能作客觀與正確的衡量。無論採行何種會計基礎，關於可用資源餘額所需之表達，均可應用適當的帳目分類以達成之。故在任何政府與其他非營利組織從事經濟資源管理與變換的業務會計中，應計制是優於現金制或修正應計制。應計制的優點，乃在財務報表中能夠反映經營責任與貨幣責任。

折　舊　問　題

應計制會計，必須劃分資本支出與所入支出，並涉及折舊之承認。美國全國政府會計委員會主張除折舊外應採應計制，而政府與其他非營利組織的折舊問題，在會計文獻中尚有爭論，故折舊會計宜予單獨考量。一般言之，政府與大專院校對於折舊的承認，現祇限於因折舊而能提存資金之資產，與自給自足業務之資產。自給自足業務，係賴收費以取償其所提供物品或勞務一切成本之業務。在醫院方面，關於記載折舊之方式，則與企業會計甚為相似。

折舊會計的基本目標，乃將產業及設備的成本，於其預期使用壽年內作有系統的分配，期能取決與表達執行業務的全部成本。倘若會計報告係基於一穩定的貨幣衡量單位，或因貨幣衡量單位的不穩定而已作適當的調整時，則折舊資料可用於提供其他具有意義的情報。例如，財產的累計折舊表達截至現在止已消耗的累計現時貨幣成本。財產的帳面價值表達尚未消逝的現時貨幣成本。

反對折舊之理由

何以政府機關與大專院校均不記載折舊？本節就此一問題，尋求主要的評估。

許多強調不必記載折舊的會計人員，認為政府與其他非營利組織係在核定經費預算控制方式下經營，為其理由的前提。蓋法律規定（尤其是賦稅支應的政府）預算乃載明可支配資源實現與處分的預定計劃，會計記錄必須表達此等資料。彼等主張除非折舊可以提存基金，應不予記載。而經營成績表的支出之部，必須符合基金的花用。持此種觀點的人士，認為此一基本目標至為重要，故不需要編製適當取決成本或供提客觀取決經營的報表。彼等建議成本資料可另為計算，並

列為補充的情報。

　　無可置疑地，表明基金實現與支用計劃的預算，必須提供核准經費請求的依據。在此一方面必須配合法定要求。但每一經營個體，在預算策劃上是否全係如此？此項基本要求並不排除固定資產的資本化及其折舊。企業界的通常實務是編製「資金來源運用表 Source and Application of Funds Statement」，應用相當簡單的調節，變換應計制資料成為表示運用資本淨額流程的數字。相信同樣的實務，當可試行於政府與其他非營利組織。

　　由於非營利組織的支出（可撥用資金之運用）通常須受核定經費的嚴密控制，可採用一種替代的程序。正式記錄的結構，仍照原來的方式表達一切來源與運用。然後再將此等帳目按受益期間加以分析。未來期間受益者列為資產，本期受益者列為費用。依照此項替代的程序，預算資料必須根據資金取得與處分之事實，並不排除固定資產之資本化及其此後折舊之記錄。

　　有人認為，政府與其他非營利組織計算折舊可能造成服務收費過高的因素。此在醫院方面，固定資產重置的要求，雖已使折舊計入收費漸趨表面化，但迄仍爭論未已。當此等運動確為重置而非擴充時，如果未依現時重置成本將折舊計入收費，尚屬正當。但當此等運動導致「雙重取償 Double Recovery」時，則不能成為記載折舊的理由。此係包含兩項完全分開的決策。一為成本政策 Costing Policy 另一為定價政策 Pricing Policy。折舊之記載，係成本因素之一，就其本身而論，並不構成過高收費之原因。但過高的收費，却起於取償折舊作為收費因素之決定，同時引入資金供固定資產之重置。

　　有時提出支持現行實務的意見，尚有一些爭論。例如，有人認為構成預算發展的基礎應為支出，而非消逝的成本，故記載折舊殊不可行。但此項控制支出的技術，却不能變更一項事實，即苟無資本項目

與所入項目間之明確劃分，經營效能殊難評估。

　　倘若經費預算之核定，祇是以過去時期的支出爲基礎，則各部門的主管所處之地位，當係想盡方法以支用款項，而非尋求以較少的費用提供更多的服務。故核定經費必須使與各項職能的成本資料關聯。在現行實務之下，政府與其他非營利組織經費之核定，幾乎祇是根據過去時期的支出，最爲普遍。其中亦有應用以前時期的核定經費爲基礎者。此種作業的特徵，乃造成此類組織效能低微基本因素之一。衡量標準之需要，至爲著明。誠然，由於政府與其他非營利組織並非以追求利潤作爲控制的手段，故成本的適當取決，較之營利事業更爲重要。對經費請求的適當與否，需要特別加以稽核。

贊成折舊之理由

　　以上討論，是說明政府與其他非營利組織財務記錄不計折舊，其所提出的理由，可能遭受駁斥。因之，折舊應否入帳問題，於此繼續予以答復。本節對一般提出贊成記載折舊之若干論據，再予研究。

　　贊成折舊會計論據的基本前提，乃在政府與其他非營利組織的管理人員，應擴張其責任於一切資產之取得與使用。倘若承認此一前提，則財務報表應表達 (1) 使用於個體施政一切資產的消耗，及 (2) 產權淨額 Net Equity Balance 之變動。且當因提供服務而收費，或因其他理由應將費用與收益實現相關聯時，則該期間的一切成本（包括折舊）自應與該期間的所入配合。現有的會計知識，關於反映固定資產使用的金額，尚無較之應用折舊，提供更好的方法。

　　事實上，固定資產使用壽年逐漸消逝。當此等資產一經使用或壽年消逝時，應記作該組織提供服務全部成本的一部分。此項程序乃經由記載折舊，達戊最佳的結果。

　　另一論據，認爲政府與其他非營利組織的管理責任，其資本之保

持，要能符合組織既定的政策。此項責任多少可能存在於幾乎任何的經營個體之中。若不表達資本增加與虧蝕的程度，則管理之責任，無從衡量。縱使組織的政策是耗減資本而非保持，其虧蝕的比率亦宜表達，藉以有助於執行此項政策之衡量。

會計人員亦曾建議，在鉅額的多目標固定資產之情況下，折舊的記載，將增加按功能分配成本資料之效用。有時提出另一理由，相信折舊會計，可能促進固定資產財務責任之良好制度。記載折舊亦將引入資金以銷除經營虧蝕之較佳依據。

折舊總述

以上列舉的種種理由，說明需要使用應計制會計，包括資本支出與所入支出之劃分，及折舊之承認，以期報表得以反映全部經營的財務責任。凡所論述，無非指出關於支持現行實務論據之缺點，及記載與報導折舊之優點。此等理由，顯示政府與其他非營利組織的現行實務應予修正，使政府與其他非營利組織之經營，其固定資產為數較鉅時，應予資本化，並為折舊記載。

可是，政府與其他非營利組織的折舊程序，應不與企業的程序完全相同。蓋政府或其他非營利組織，其與公眾或贊助人間之關係，接近受託人身分 Trusteeship，而其結果必須使用基金會計技術，故非營利組織的會計程序，通常應將施行於企業者予以擴張。

當使用基金會計時，產業資產一般是記入單獨的基金或帳類，以表達持有固定資產的原始價值。此一會計個體稱為「固定資產帳類 Fixedasset Account Group」或「產業基金 Plant Fund」。在產業基金與普通基金間事項之正確性，胥視是否積聚折舊資金而定。尤其是，當管理方面，選擇積聚部分或全部折舊資金時，則會計報告必須表達履行其積聚資金責任之程度。此一目標可在綜合平衡表的產業與

流動資源部分，使用相對帳戶 Reciprocal Accounts 達成最佳的結果，下列分錄舉例，卽說明此等帳戶之使用：

普通基金:

折舊費用

　　欠付產業基金

記載固定資產的折舊費用

欠付產業基金

　　現金

記載移轉現金於產業基金

產業基金:

普通基金欠付

　　備抵折舊

記載累積折舊

資產重置現金

　　普通基金欠付

記載普通基金移轉之現金收入。

若不積聚資金，則應表示自產業基金對一般營運「產業使用」之投入。記載此項事實之分錄如下：

普通基金:

折舊費用

　　產業使用（基金餘額帳戶部分之一項因素）

記載折舊

產業基金:

投入營運（基金餘額帳戶部分之抵銷帳戶）

　　產業累積折舊

記載折舊。

在此一安排之下，當普通基金資源為資本支出時，則下列分錄將用以記載結束支出帳目：

普通基金：

投入產業（基金餘額帳戶部分之抵銷帳戶）

支出

記載結束資本支出。

產業基金：

固定資產

普通基金投入（基金餘額帳戶部分之一項因素）

記載普通基金購置之固定資產。

結　　論

政府與其他非營利組織現行會計實務的主要評估，就其財務資料的合理使用而論，具有三項顯著的缺點。第一項而最為重要的缺點，乃缺乏表達經營的財務責任。此項缺點，可在現行財務報告中，增編經營成績表 Operating Statement 予以克服。同時在平衡表上表現組織的一切可用資源，並為適當的分類，以表達管理方面使用的權責，亦甚重要。在此項安排下的基金個體報表，將是該組織單位報表的明細表。

第二項缺點，是缺乏應計制會計之使用。採用應計制乃在增加財務報表的客觀性，一貫性，與正確性。此乃着重征獲 Earning 與使用 Using 的概念，而不着重收入 Receiving 與支付 Paying 的概念。

第三項缺點，實為第二項缺點論理的延伸。此係缺乏資本化其長期資產及其折舊記錄。記載固定資產之取得與使用殊有必要，唯有如此，經營成績表方能表現全部成本，而組織的一切資源方能適當的表

達於平衡表。

問　題

1. 外在管理機關之主要責任，在於評估內部管理效能，請問憑藉何種資料從事評估？

2. 非營利組織的贊助人所關心的是何種問題？會計人員應提供何種情報，以滿足其需要？

3. 政府與其他非營利組織，如其提供之服務僅為因應有效需求時，則應負若何之責任？此項責任與營利事業有若何之差別？在財務報告中，應如何表達其應盡之責任？

4. 會計人員應如何針對公眾所關心的問題，提供有用的資料？試就所見，舉例以對。

5. 試述財務報告資料客觀性與一貫性之重要。

6. 何以政府與非營利組織，其效能的衡量，較之營利事業更為重要？財務報告在效能衡量上，應注意於何種情報的提供？

7. 政府與非營利組織的現行財務報告，尚有缺點，癥結何在？如何解決？

8. 政府之應計制會計與企業之應計制會計，有何不同？

9. 政府會計之應計項目與預付項目，乃非可供核定經費使用之資產，因之現金制或修正應計制會計之採行，概以不包含此等項目為主要的理由。但應計制之表達經費地位，不必依特定資源之辨別，而另有其表達方式。此等方式為何？試申論其要義。

10. 政府與非營利組織，如採行現金制或修正應計制，有何缺失？如採行應計制，又有何優點？

11. 折舊的基本目標何在？折舊會計能提供何種情報？

12. 持反對折舊主張者，或謂政府預算乃記載可支配資源實現與處分的預定計劃，會計記錄不宜表達此等資料以外之事項。或謂計算折舊可能造成服務收費過高的因素。或謂構成預算發展的基礎應為支出，而非消逝的成本。其說然否？

13. 持贊成折舊主張者，或謂政府的管理人員，應擴張其責任於一切資產之取得與使用，或謂應擴張其責任於資本之增損，試申其說。

14. 由於政府與其他非營利組織，必須採用基金會計技術，其折舊程序，應不與企業的程序完全相同。試就積聚折舊資金與否，分別演示其有關基金與帳類之分錄方法。

15. 試評論政府與其他非營利組織現行會計實務之缺點，並提出革新辦法的建議。

三民大專用書書目

國父遺教

書名	著者		學校
公司法論	梁宇賢	著	中興大學
票據法	鄭玉波	著	臺灣大學
海商法	鄭玉波	著	臺灣大學
海商法論	梁宇賢	著	中興大學
保險法論	鄭玉波	著	臺灣大學
民事訴訟法釋義	石志泉 原著／楊建華 修訂		輔仁大學
破產法	陳榮宗	著	臺灣大學
破產法論	陳計男	著	行政法院
刑法總整理	曾榮振	著	臺中地院
刑法總論	蔡墩銘	著	臺灣大學
刑法各論	蔡墩銘	著	臺灣大學
刑法特論（上）（下）	林山田	著	政治大學
刑事政策（修訂版）	張甘妹	著	臺灣大學
刑事訴訟法論	黃東熊	著	中興大學
刑事訴訟法論	胡開誠	著	臺灣大學
行政法（改訂版）	林紀東	著	臺灣大學
行政法	張家洋	著	政治大學
行政法之基礎理論	城仲模	著	中興大學
犯罪學	林山田	等著	政治大學 等
監獄學	林紀東	著	臺灣大學
土地法釋論	焦祖涵	著	東吳大學
土地登記之理論與實務	焦祖涵	著	東吳大學
引渡之理論與實踐	陳榮傑	著	外交部
國際私法	劉甲一	著	臺灣大學
國際私法新論	梅仲協	著	前臺灣大學
國際私法論叢	劉鐵錚	著	政治大學
現代國際法	丘宏達	等著	馬利蘭大學 等
現代國際法基本文件	丘宏達	編	馬利蘭大學
平時國際法	蘇義雄	著	中興大學
中國法制史	戴炎輝	著	臺灣大學
法學緒論	鄭玉波	著	臺灣大學
法學緒論	孫致中	著	各大專院校

| 強制執行法 | 陳榮宗 | 著 | 臺灣大學 |
| 法院組織法論 | 管　歐 | 著 | 東吳大學 |

政治・外交

政治學	薩孟武	著	前臺灣大學
政治學	鄒文海	著	前政治大學
政治學	曹伯森	著	陸軍官校
政治學	呂亞力	著	臺灣大學
政治學概要	張金鑑	著	政治大學
政治學方法論	呂亞力	著	臺灣大學
政治理論與研究方法	易君博	著	政治大學
公共政策概論	朱志宏	著	臺灣大學
公共政策	曹俊漢	著	臺灣大學
公共政策	朱志宏	著	臺灣大學
公共關係	王德馨 等	著	交通大學
中國社會政治史(一)〜(四)	薩孟武	著	前臺灣大學
中國政治思想史	薩孟武	著	前臺灣大學
中國政治思想史（上）（中）（下）	張金鑑	著	政治大學
西洋政治思想史	張金鑑	著	政治大學
西洋政治思想史	薩孟武	著	前臺灣大學
中國政治制度史	張金鑑	著	政治大學
比較主義	張亞澐	著	政治大學
比較監察制度	陶百川	著	國策顧問
歐洲各國政府	張金鑑	著	政治大學
美國政府	張金鑑	著	政治大學
地方自治概要	管　歐	著	東吳大學
國際關係——理論與實踐	朱張碧珠	著	臺灣大學
中美早期外交史	李定一	著	政治大學
現代西洋外交史	楊逢泰	著	政治大學

行政・管理

行政學（增訂版）	張潤書	著	政治大學
行政學	左潞生	著	中興大學
行政學新論	張金鑑	著	政治大學

書名	著者	學校
行政管理學	傅肅良 著	中興大學
行政生態學	彭文賢 著	中興大學
各國人事制度	傅肅良 著	中興大學
考詮制度	傅肅良 著	中興大學
交通行政	劉承漢 著	成功大學
組織行為管理	龔平邦 著	逢甲大學
行為科學概論	龔平邦 著	逢甲大學
行為科學與管理	徐木蘭 著	臺灣大學
組織行為學	高尚仁 等著	香港大學
組織原理	彭文賢 著	中興大學
實用企業管理學	解宏賓 著	中興大學
企業管理	蔣靜一 著	逢甲大學
企業管理	陳定國 著	臺灣大學
國際企業論	李蘭甫 著	香港中文大學
企業政策	陳光華 著	臺灣大學
企業概論	陳定國 著	交通大學
管理新論	謝長宏 著	交通大學
管理概論	郭崑謨 著	中興大學
管理個案分析	郭崑謨 著	中興大學
企業組織與管理	郭崑謨 著	中興大學
企業組織與管理（工商管理）	盧宗漢 著	中興大學
現代企業管理	龔平邦 著	逢甲大學
現代管理學	龔平邦 著	逢甲大學
事務管理手冊	新聞局 編	
生產管理	劉漢容 著	成功大學
管理心理學	湯淑貞 著	成功大學
管理數學	謝志雄 著	東吳大學
品質管理	戴久永 著	交通大學
可靠度導論	戴久永 著	交通大學
人事管理（修訂版）	傅肅良 著	中興大學
作業研究	林照然 著	輔仁大學
作業研究	楊超然 著	臺灣大學
作業研究	劉一忠 著	舊金山州立大學

系統分析

社　會

書　名	著（編）者	服務機關
系統分析	〔譯〕	麗學／瑪聖／前大
社會學	繆文輝　著	安那大學
社會學	龍冠海　著	臺灣大學
社會學	張華葆　主編	東海大學
社會學理論	繆文輝　著	安那大學
社會學理論	陳秉璋　著	政治大學
社會心理學	劉安彥　著	傑克遜州立大學
社會心理學	張華葆　著	東海大學
社會心理學	趙淑賢　著	柏克萊加州大學
社會心理學理論	張華葆　著	東海大學
政治社會學	陳秉璋　著	政治大學
醫療社會學	廖榮利　等著	臺灣大學
組織社會學	張笠雲　著	臺灣大學
人口遷移	廖正宏　著	臺灣大學
社區原理	蔡宏進　著	臺灣大學
人口教育	孫得雄　編著	東海大學
社會階層化與社會流動	許嘉猷　著	臺灣大學
社會階層	張華葆　著	東海大學
西洋社會思想史	張承漢　等著	臺灣大學
中國社會思想史（上）（下）	張承漢　著	臺灣大學
社會變遷	蔡文輝　著	印第安那大學
社會政策與社會行政	陳國鈞　著	中興大學
社會福利行政（修訂版）	白秀雄　著	臺灣大學
社會工作	白秀雄　著	臺灣大學
社會工作管理	廖榮利　著	臺灣大學
團體工作：理論與技術	林萬億　著	臺灣大學
都市社會學理論與應用	龍冠海　著	前臺灣大學
社會科學概論	薩孟武　著	前臺灣大學
文化人類學	陳國鈞　著	中興大學

書名	著者		學校
勞工問題	陳國鈞	著	中興大學
少年犯罪心理學	張華葆	著	東海大學
少年犯罪預防及矯治	張華葆	著	東海大學

教　育

書名	著者		學校
教育哲學	賈馥茗	著	臺灣師大
教育哲學	詹志學	著	彰化教院
普通教學法	方炳林	著	前臺灣師大
各國教育制度	雷國鼎	著	臺灣師大
教育心理學	溫世頌	著	傑克州立大學
教育心理學	胡秉正	著	政治大學
教育社會學	陳奎憙	著	臺灣師大
教育行政學	林文達	著	政治大學
教育行政原理	賀文輝	主譯	臺灣師大
教育經濟學	蓋浙生	著	臺灣師大
教育經濟學	林文達	著	政治大學
工業教育學	袁立錕	著	彰化教院
技術職業教育行政與視導	張天津	著	臺灣師大
技職教育測量與評鑑	李大偉	著	臺灣師大
高科技與技職教育	楊啟棟	著	臺灣師大
工業職業技術教育	陳昭雄	著	臺灣師大
技術職業教育教學法	陳昭雄	著	臺灣師大
技術職業教育辭典	楊朝祥	編著	臺灣師大
技術職業教育理論與實務	楊朝祥	著	臺灣
工業安全衛生	羅文基	著	臺灣
人力發展理論與實施	彭台臨	著	臺灣師大
職業教育師資培育	周談輝	著	臺灣師大
家庭教育	張振宇	著	淡江大學
教育與人生	李建興	著	臺灣師大
當代教育思潮	徐南號	著	臺灣師大
比較國民教育	雷國鼎	著	政治大學
中等教育	司琦	著	政治大學
中國教育史	胡美琦	著	文化大學

教育

書名	著者	服務機關
中國現代教育史	鄭世興　著	臺灣師大
中國大學教育發展史	伍振鷟　著	臺灣師大
中國職業教育發展史	周談輝　著	臺灣師大
社會教育新論	李建興　著	臺灣師大
中國社會教育發展史	李建興　著	臺灣師大
中國國民教育發展史	司　琦　著	臺灣師大
中國體育發展史	吳文忠　著	臺灣師大
如何寫學術論文	宋楚瑜　著	政戰學校
論文寫作研究	段家鋒　等著	政大　等

心理學

書名	著者	服務機關
心理學	劉安彥　著	傑克遜州立大學
心理學	張春興　等著	臺灣師大
人事心理學	黃天中　著	淡江大學
人事心理學	傅禎良　著	中興大學

經濟・財政

書名	著者	服務機關
西洋經濟思想史	林鐘雄　著	臺灣大學
歐洲經濟發展史	林鐘雄　著	臺灣大學
比較經濟制度	孫殿柏　著	政治大學
經濟學原理（增訂新版）	歐陽勛　著	政治大學
經濟學導論	徐育珠　著	南康涅狄克州立大學
經濟學概要	歐陽勛　黃仁德　等著	政大
通俗經濟講話	邢慕寰　著	香港中文大學
經濟學（增訂版）	陸民仁　著	政大
經濟學概論	陸民仁　著	政大
國際經濟學	白俊男　著	東吳大學
國際經濟學	黃智輝　著	東吳大學
個體經濟學	劉盛男　著	臺北商專
總體經濟分析	趙鳳培　著	政大
總體經濟學	鐘甦生　著	西雅圖大學
總體經濟學	張慶輝　著	政大
總體經濟理論	孫　震　著	臺大

— 9 —

書名	著者		出版單位
大眾傳播與社會變遷	陳世敏	著	政治大學
組織傳播	鄭瑞城	著	政治大學
政治傳播學	祝基瀅	著	政治大學
文化與傳播	汪琪	著	政治大學

歷史・地理

書名	著者		出版單位
中國通史（上）（下）	林瑞翰	著	臺灣大學
中國現代史	李守孔	著	臺灣大學
中國近代史	李守孔	著	臺灣大學
中國近代史	李雲漢	著	政治大學
中國近代史（簡史）	李雲漢	著	政治大學
中國近代史	古鴻廷	著	東海大學
隋唐史	王壽南	著	政治大學
明清史	陳捷先	著	臺灣大學
黃河文明之光	姚大中	著	東吳大學
古代北西中國	姚大中	著	東吳大學
南方的奮起	姚大中	著	東吳大學
中國世界的全盛	姚大中	著	東吳大學
近代中國的成立	姚大中	著	東吳大學
西洋現代史	李邁先	著	臺灣大學
東歐諸國史	李邁先	著	臺灣大學
英國史綱	許介鱗	著	臺灣大學
印度史	吳俊才	著	政治大學
日本史	林明德	著	臺灣師大
日本現代史	許介鱗	著	臺灣大學
近代中日關係史	林明德	著	臺灣師大
美洲地理	林鈞祥	著	臺灣師大
非洲地理	劉鴻喜	著	臺灣師大
自然地理學	劉鴻喜	著	臺灣師大
地形學綱要	劉鴻喜	著	臺灣師大
聚落地理學	胡振洲	著	中興大學
海事地理學	胡振洲	著	中興大學
經濟地理	陳伯中	著	前臺灣大學
都市地理學	陳伯中	著	前臺灣大學